MW00461218

Les Gilets jaunes
à la lumière de l'histoire

La collection *Le monde des idées*
est dirigée par Nicolas Truong

Dans la même collection :

Jean Claude Ameisen, illustré par Pascal Lemaître,
  Les chants mêlés de la Terre et de l'Humanité
Collectif, *Le crépuscule des intellectuels français ?*
Collectif, *Résister à la terreur*
Collectif, *Penser après le 11 janvier*
Collectif, *Résistances intellectuelles*
Collectif, *Philosophie de la marche*
Boris Cyrulnik, Tzvetan Todorov, *La tentation du Bien
  est beaucoup plus dangereuse que celle du Mal*
Stéphane Hessel, avec Edgar Morin, *Ma philosophie*
François Hollande, Edgar Morin, *Dialogue sur la poli-
  tique, la gauche et la crise*
Olivier Roy, *La peur de l'islam*

© Le Monde/Éditions de l'Aube, 2019
www.editionsdelaube.com

ISBN 978-2-8159-3319-3

Gérard Noiriel

Les Gilets jaunes
à la lumière de l'histoire

dialogue avec Nicolas Truong

éditions de l'aube

Du même auteur (extraits)

Une histoire populaire de la France ; de la guerre de Cent Ans à nos jours, Agone, 2018

Le retour de la question sociale
Nicolas Truong

Avant d'être le signe d'une division, les Gilets jaunes sont l'emblème d'une communion. Des libéraux aux socialistes, des identitaires aux anarchistes, de l'essayiste Alain Finkielkraut à l'écrivaine Annie Ernaux, du philosophe Luc Ferry au romancier Édouard Louis, beaucoup d'intellectuels ont endossé la cause des Gilets jaunes, dont la révolte, née du rejet de l'augmentation de la taxe intérieure de consommation sur les produits énergétiques, et notamment les carburants, s'est structurée, à partir du 17 novembre 2018, autour du blocage des ronds-points du territoire périurbain et de manifestations nationales organisées chaque samedi dans les villes moyennes et les grandes métropoles françaises. Une convergence intellectuelle qui recoupe, de péages bloqués en murs tagués, certaines alliances de circonstance d'une fronde qui s'est étendue à d'autres revendications fiscales (comme la taxation du kérosène ou le rétablissement de l'impôt sur la fortune), sociales (augmentation du Smic) et politiques (référendum d'initiative citoyenne et démission d'Emmanuel Macron). Mais l'unanimisme intellectuel apparent masque de nombreuses divergences. Une partie de l'intelligentsia médiatique, plutôt majoritaire, campe une France coupée en deux, divisée entre les prolos et les bobos, les citadins et les ruraux. La thèse du géographe Christophe Guilluy, à nouveau déclinée dans *No society; la fin de la classe moyenne occidentale* (Flammarion, 2018), qui oppose les grandes métropoles mondialisées aux territoires périurbains formés par une classe moyenne paupérisée, est devenue son mantra. Transformant une simplification géographique en caricature idéologique, le pamphlétaire identitaire Éric Zemmour explique que deux France se font face : celle des Gilets jaunes, composée d'une « majorité d'homme blancs entre 30 et 50 ans », parée de toutes les vertus – de la dignité à la francité –, et celle des «minorités», des gauchistes et des mouvements féministes, qui défilaient notamment le samedi 24 novembre à Paris contre les agressions sexuelles (comme si on ne pouvait pas être à la fois insurgé contre les inégalités sociales et remonté contre les violences sexistes).

Une «situation populiste», résume la philosophe belge Chantal Mouffe, auteure de *Pour un populisme de gauche* (Albin Michel, 2018) et proche des Insoumis de Jean-Luc Mélenchon, à savoir une polarisation du conflit politique entre «ceux d'en haut» et «ceux d'en bas». Un «moment poujadiste», corrige le philosophe Bernard-Henri Lévy, directeur de la revue *La Règle du jeu*, qui oppose «ceux qui ont de la mémoire» – des émeutes fascisantes unissant les «rouges» et les «bruns» – à «ceux qui n'en ont pas». Une vision, plutôt minoritaire, soutenue par Daniel Cohn-Bendit et Romain Goupil, mais dépassant le cercle des écolos libéraux-libertaires, qui estiment que ce soulèvement n'est pas révolutionnaire et qu'il contient, au contraire, les ferments d'une dérive autoritaire : « En 1968, on se battait contre un général au pouvoir. Les Gilets jaunes, aujourd'hui, demandent un général au pouvoir », déclare l'ancien leader du Mouvement du 22-Mars.

Mais cette vision en noir et jaune est tempérée par une myriade de chercheurs qui oscillent entre empathie et refus de l'idéologie, ou scepticisme et rejet des anciennes catégories. Beaucoup, comme l'historienne Marion Fontaine, affichent leur « perplexité » et leur difficulté à cerner un mouvement insaisissable dont tout le monde ou presque se réclame.

Il faut dire que ce mouvement est une aubaine, autant pour la gauche révolutionnaire que pour la droite identitaire. La première peinait à mobiliser les classes populaires contre des entités un peu vagues (le « néolibéralisme » ou la « crise climatique »), qui recouvrent des réalités certes concrètes, mais dont l'abstraction confinait à l'impuissance et ne fédérait guère au-delà des cercles affinitaires. La seconde, portée par la vague populiste occidentaliste, mais entravée par l'irruption d'Emmanuel Macron lors de la présidentielle de 2017, rêvait d'une révolte des «petits Blancs». Bref, le peuple manquait. D'où les vives querelles sur son essence supposée.

Les uns, à l'instar du philosophe Jean-Claude Michéa, louent, dans le sillage revendiqué mais parfois aussi abusif de George Orwell, la «décence ordinaire» des classes populaires; les autres, à l'image de l'historien Gérard Noiriel, soutiennent le combat pour l'amélioration de leur condition, mais contestent leur idéalisation : «Je suis convaincu que si les chaînes d'information en continu et les smartphones avaient existé en 1936, les journalistes auraient pu aussi enregistrer des propos xénophobes ou racistes pendant les grèves, déclare-t-il au *Monde*. Il ne faut pas oublier qu'une partie importante des ouvriers qui avaient voté pour le Front populaire en mai-juin 1936 a soutenu ensuite le Parti populaire français de Jacques Doriot, qui était une formation d'extrême droite.» Historien et directeur d'études à l'École des hautes études en sciences sociales (EHESS), Gérard Noiriel a analysé le mouvement des Gilets jaunes avec une grande acuité. Et son empathie pour le mouvement ne l'a pas empêché d'exercer son jugement critique. Il a surtout éclairé cette révolte par sa culture historique et sa connaissance de l'histoire des classes populaires. Spécialiste de l'histoire de l'immigration en France (*Le Creuset français ; histoire de l'immigration XIXe-XXe siècles*, Seuil, 1988), du racisme (*Le Massacre des Italiens ; Aigues-Mortes, 17 août 1893*, Fayard, 2010), de la classe ouvrière (*Les Ouvriers dans la société française, XIXe-XXe siècle*, Seuil, 1986) ou des questions interdisciplinaires et épistémologiques en histoire (*Sur la « crise » de l'histoire*, Belin, 1996), Gérard Noiriel a publié une importante *Histoire populaire de la France ; de la guerre de Cent Ans à nos jours* (Agone, 2018) et propose une analyse socio-historique du mouvement des Gilets jaunes loin des caricatures et des certitudes idéologiques.

Certains intellectuels opposent l'élitaire Nuit debout aux populaires Gilets jaunes, ceux qui prennent l'avion à ceux qui conduisent des camions, la « gauche kérosène » au peuple du diesel ; les autres rêvent au contraire de les fédérer dans un même « combat contre l'oligarchie ».

Mais ces querelles sur la pertinence de la notion de «France périphérique» ou du sens à donner au «peuple» témoignent d'un incontestable retour de la question sociale, comme l'illustre cet entretien avec Gérard Noiriel, qui prolonge et développe amplement un premier dialogue paru dans *le Monde* (28 novembre 2018). Or une grande partie de l'intelligentsia l'avait mise de côté, voire discréditée au profit d'une focalisation sur la question de l'identité.

À force de n'être «pas la cause de tout», les conditions sociales n'étaient plus la cause de rien. L'insécurité était uniquement culturelle, les conflits exclusivement cultuels. Or voici que ceux qui, à gauche comme à droite, avaient transmué les questions sociales en revendications sociétales ou en affirmations identitaires (re)découvrent la faiblesse de certains salaires.

Et trouvent même des circonstances atténuantes à certaines exactions, violences et profanations. Il serait tout aussi réducteur de faire soudainement du social, par un simple mouvement de balancier, l'alpha et l'oméga des maux qui taraudent notre société désorientée. Le social ne supplante pas le culturel, et *vice versa*. Mais à force d'expliquer qu'il n'avait «rien à voir» avec l'échec scolaire ou la radicalisation, à force de faire de l'explication une antichambre de l'excuse, et de la sociologie, une idéologie, le social s'était volatilisé. Le voilà qui revient, pour le meilleur et pour le pire, entre émancipation et réaction.

Nicolas Truong

Chapitre premier
Un mouvement inédit dans l'histoire populaire de la France

Qu'est-ce qui fait, selon vous, l'originalité du mouvement des Gilets jaunes, replacé dans la longue durée des luttes populaires que vous avez étudiées dans votre Histoire populaire de la France *?*

Ce qui a fait la vraie nouveauté de cette révolte populaire, c'est la dimension d'emblée *nationale* d'une mobilisation qui a été présentée comme «spontanée». Il s'agit en effet d'une protestation qui s'est développée simultanément sur tout le territoire français (y compris les départements et régions d'outre-mer), mais avec des effectifs localement très faibles. Au total, la journée d'action du 17 novembre 2018 a réuni moins de 300 000 personnes, ce qui est un score modeste comparé aux grandes manifestations populaires du passé. Les actions organisées les samedis suivants ont rassemblé encore moins de monde. Ce n'est donc pas le nombre des manifestants qui explique l'importance de ce mouvement social, mais l'articulation entre des milliers d'actions groupusculaires réparties sur tout le territoire et les grands défilés sur les Champs-Élysées.

Comment peut-on expliquer qu'un mouvement spontané, parti de la base, sans soutien des partis et des syndicats, se soit développé d'emblée sur tout le territoire national ?

On a beaucoup insisté sur le rôle des « réseaux sociaux ». Il est indéniable que ceux-ci ont été importants pour lancer le mouvement. Facebook, Twitter et les smartphones diffusent des messages immédiats (SMS) qui tendent à remplacer la correspondance écrite, notamment les tracts et la presse militante qui étaient jusqu'ici les principaux moyens dont disposaient les organisations militantes pour coordonner l'action collective, l'instantanéité des échanges restituant en partie la spontanéité des interactions en face-à-face d'autrefois. Le canal par lequel passe une information a toujours eu un effet sur le message lui-même. Ce fut déjà le cas à la fin du xixe siècle lorsque la presse écrite fut massivement diffusée dans les classes populaires. Auparavant, le mouvement ouvrier était animé par des petites communautés d'artisans vivant dans des villes et reliés entre eux par des liens directs, ce qui marginalisait du même coup le prolétariat des manufactures, encore très ancré dans le monde rural. Le développement de la grande industrie et des journaux militants a imposé brutalement une nouvelle figure de l'ouvrier (celle du mineur), membre d'un syndicat organisé sur une base nationale.

Les réseaux sociaux ont permis l'émergence d'une nouvelle forme d'espace public intermédiaire, mais il s'agit d'un espace public complètement soumis aux lois du capitalisme. Les algorithmes concoctés par Facebook font en sorte que ce qui s'affiche sur l'écran des usagers, ce sont les contenus du premier et du second cercle ; c'est-à-dire ceux qui proviennent des interlocuteurs les plus familiers. La familiarité favorise l'échange, car elle recèle un fort potentiel émotionnel. C'est la même logique qui explique le privilège accordé par ces algorithmes aux messages focalisés sur l'injustice et la colère, car ce sont les plus mobilisateurs.

Il est donc indéniable que les réseaux sociaux ont joué un rôle important dans le démarrage du mouvement des Gilets jaunes. La vidéo de Jacline Mouraud dénonçant la flambée des prix des carburants a capitalisé 5,5 millions de vues ; la pétition de Priscillia Ludosky a dépassé le million de signatures dès le 15 décembre 2018.

Néanmoins, les réseaux sociaux, *à eux seuls,* n'auraient jamais pu donner une telle ampleur au mouvement des Gilets jaunes. Beaucoup de journalistes exagèrent l'importance des réseaux sociaux, ce qui occulte ou minimise le rôle qu'ils jouent eux-mêmes dans la sélection des informations. Pour que la myriade des propos échangés tous les jours sur ces réseaux aient un réel impact dans l'opinion, il faut qu'ils soient relayés par les grands médias, c'est-à-dire qu'ils franchissent la limite des espaces publics intermédiaires pour atteindre l'espace public structuré par ceux qui dominent le champ politico-médiatique.

Les journées d'action du 17 et du 24 novembre ont été suivies par les chaînes d'information en continu dès leur commencement, minute par minute, « en direct » (terme qui est devenu désormais un équivalent de communication à distance d'événements en train de se produire). Le samedi 24 novembre au matin, les journalistes étaient plus nombreux que les Gilets jaunes sur les Champs-Élysées. Si l'on compare avec les journées d'action des cheminots du printemps dernier, on voit immédiatement la différence. Aucune d'entre elles n'a été suivie de façon continue et les téléspectateurs ont été abreuvés de témoignages d'usagers en colère contre les grévistes, alors qu'on a très peu entendu les automobilistes en colère contre les bloqueurs.

Je pense que le mouvement des Gilets jaunes peut être rapproché de la manière dont Emmanuel Macron a été élu président de la République, lui aussi par surprise et sans parti politique. Ce sont deux illustrations du nouvel âge de la démocratie dans lequel nous sommes entrés, et que Bernard Manin appelle la « démocratie du public[1] ». De même que les électeurs se prononcent en fonction de l'offre politique du moment – et de moins en moins par fidélité à un parti politique –, de même les mouvements sociaux éclatent aujourd'hui en fonction d'une conjoncture et d'une actualité précises.

Sur un plan plus général, on peut faire l'hypothèse que ces événements récents de la vie politique française sont des illustrations d'un processus mondial, car la démocratie du public s'impose un peu partout aujourd'hui. C'est la même matrice qui explique le succès du Brexit au Royaume-Uni, la victoire de Trump aux États-Unis et la montée de ce qu'on appelle le « populisme » en Europe.

Avec le recul du temps, on s'apercevra peut-être que l'ère des partis et des syndicats a correspondu à une période limitée de notre histoire, l'époque où les liens à

---

1. Bernard Manin, *Principe du gouvernement représentatif*, Flammarion, 1995.

distance étaient matérialisés par la communication écrite. On peut le déplorer, mais il ne faut pas oublier que si le XXe siècle a marqué l'apogée des partis politiques, c'est aussi au cours de ce siècle qu'ont eu lieu les deux guerres mondiales.

Pouvez-vous préciser le rôle qu'ont joué selon vous les médias dans le déclenchement du mouvement des Gilets jaunes ?

L'impulsion décisive en faveur de la manifestation des Gilets jaunes a été donnée par le journaliste Éric Brunet, présent à la fois sur BFM-TV (plus de 60 % de l'audience des chaînes d'info) et sur RMC (4,2 millions d'auditeurs par jour). Ce journaliste, qui revendique publiquement son ancrage à droite, a lui-même endossé le gilet jaune pour inciter les Français à participer à la manifestation. Voici les mots qu'il a prononcés à l'antenne le 16 novembre 2018, veille de la première grande manifestation : « Demain, ce gilet jaune qui est moche, qui est laid, et qui ne va avec rien, portez-le. Pourquoi ? Parce que la France est le pays le plus taxé au monde [...]. Et c'est scandaleux parce que vous savez bien, que ce soit la droite, la gauche ou Macron au pouvoir, qui n'est soi-disant ni de gauche ni de droite, eh bien dès qu'il y a un problème, on met face à cela une taxe. »

Ce soutien explicite apporté au mouvement par un animateur ancré à droite explique pourquoi, au départ, toutes les mouvances de la gauche l'ont vu d'un mauvais œil. Le 16 novembre, Philippe Martinez, le secrétaire général de la CGT, a lui-même condamné, sur France Inter, la manifestation des Gilets jaunes prévue le lendemain, en la présentant comme un mouvement patronal. Il est tout à fait vrai, au demeurant, que le combat des Gilets jaunes a été lancé par des gens qui appartenaient plutôt à la petite bourgeoisie indépendante. Parmi ceux qui ont été les initiateurs du mouvement, on ne trouve aucun salarié d'usine : Éric Drouet est chauffeur routier ; Priscillia Ludosky, micro-entrepreneuse ; Maxime Nicolle (surnommé « Fly Rider ») est un travailleur intérimaire ; Fabrice Schlegel, un promoteur immobilier. Plusieurs d'entre eux étaient clairement marqués à droite. C'est le cas notamment de Jacline Mouraud, hypnothérapeute (qui a affirmé publiquement avoir voté pour Nicolas Sarkozy en 2007 et en 2012), de Christophe Chalençon, artisan forgeron, qui fut candidat de droite à des élections locales, et de Benjamin Cauchy, cadre commercial, ancien élu UMP.

Cette surreprésentation des petits patrons et des indépendants explique que les Gilets jaunes aient privilégié au départ des revendications dénonçant la «pression fiscale» de l'État, en accusant les hauts fonctionnaires, les élus corrompus, etc. Toutefois, l'un des aspects les plus intéressants de cette révolte populaire, c'est que cette posture initiale a été très vite dépassée par une contestation beaucoup plus radicale mettant en cause les inégalités sociales. C'est ce qui a d'ailleurs incité le journaliste Éric Brunet à se désolidariser rapidement du mouvement en s'abritant derrière les exactions commises lors de la manifestation du 1er décembre. «J'ai porté un gilet jaune le 17 novembre, mais l'ultra-violence et les dérapages du week-end sont inacceptables» (RMC, 3 décembre 2018).

Comment expliquer cet élargissement des revendications ?

L'irruption brutale de ce mouvement social a libéré une parole populaire que l'on n'entendait plus depuis plusieurs décennies. En France, la question sociale avait été marginalisée depuis longtemps au profit des polémiques identitaires qui intéressent beaucoup plus les élites que les classes populaires. Des hommes et des femmes de toutes origines et d'opinions diverses ont pu alors se retrouver dans un combat commun centré sur des questions économiques.

Toutefois, la popularité du mouvement a sans doute été stimulée aussi par l'efficacité du symbole qu'ont choisi ses animateurs. Tout mouvement social important construit son identité dans la lutte. Celle-ci passe par un nom commun et des symboles. Au XIXᵉ siècle, le prolétariat a émergé sur la scène de l'histoire grâce au drapeau rouge. En 1936, les grèves du Front populaire ont fait triompher le poing levé. Un symbole a une efficacité mobilisatrice d'autant plus grande qu'il établit un lien avec ce que ressentent les militants. Le drapeau rouge rappelait le sang, la violence physique subie par les ouvriers (accidents du travail, répression armée). Le gilet jaune renvoie au groupe très large des usagers de l'automobile, qui tous peuvent tomber en panne, se trouver en détresse sur le bord de la route, en cherchant à se rendre visibles. Il concerne plus spécifiquement les gens utilisant leur véhicule pour aller travailler, lesquels ont été au cœur du mouvement du fait qu'ils étaient directement concernés par la hausse des taxes sur le carburant. Mais le gilet jaune permet également de faire le lien avec tout un pan du monde ouvrier : les employés municipaux, les travailleurs sur les chantiers, etc., qui tous sont amenés à porter ce vêtement de protection.

Peut-on parler d'une jonction historique entre les classes moyennes inférieures et les classes populaires ?

Selon l'INSEE, alors que depuis les années 1950, le niveau de vie moyen avait toujours progressé, il a régressé au cours de ces dernières années. Mais c'est le niveau de vie moyen des 40 % des Français les moins riches qui a le plus baissé entre 2008 et 2016. Cette baisse a été particulièrement forte pour ceux qui ont les revenus les plus bas, à cause de la progression du chômage et du travail à temps partiel, et du fait que la hausse du Smic a été plus faible que celle de l'ensemble des salaires. L'écart entre le niveau de vie des plus riches et celui des plus pauvres s'est accru ; aggravé par la forte hausse des dépenses contraintes (logement, assurances, abonnements) depuis les années 2000.

Il faut ajouter à cela que l'un des effets majeurs du néolibéralisme a été d'accentuer fortement la précarisation des emplois. Celle-ci peut toucher aujourd'hui aussi bien les classes populaires (ouvriers, employés) que les fractions inférieures des classes moyennes (commerçants, artisans, indépendants). Ces facteurs économiques ont joué un rôle dans la jonction des classes populaires et de la petite classe moyenne au sein du mouvement des Gilets jaunes, surtout dans les zones dites « périphériques », qui ont été souvent confrontées à la disparition des services publics.

Mais cette jonction a été puissamment renforcée par la politique fiscale menée par Emmanuel Macron, favorisant les ultra-riches et pénalisant les plus modestes. Il a réactivé ainsi toute une longue tradition historique, plus forte en France que dans aucun autre pays, de contestation des inégalités. Même les citoyens les plus ignorants en matière d'histoire savent que la Révolution française a eu pour but de supprimer les «privilèges» de la noblesse. Malgré leurs différences, ces milieux sociaux étaient animés par un même sentiment d'injustice. Or le sentiment d'injustice est l'un des plus puissants ressorts affectifs permettant de mobiliser les individus. C'est aussi l'une des raisons qui explique la popularité des Gilets jaunes dans l'opinion publique parce que la majorité des Français sont convaincus qu'ils payent des impôts pour enrichir encore un peu plus la petite caste des ultra-riches, qui y échappent en plaçant leurs capitaux dans les paradis fiscaux.

Ce point commun à tous les Gilets jaunes a été conforté ensuite par la logique de l'action collective. Comme cela avait été le cas dans les grands mouvements sociaux du passé (révolution de 1848, Front populaire, Mai 68), la dynamique de la lutte favorise la fraternité, renforce les liens entre des personnes qui ne se fréquentaient pas auparavant. Cette sociabilité de rond-point, illustrée par les automobilistes qui klaxonnaient en signe de solidarité ou par ceux qui apportaient de la nourriture aux Gilets jaunes, a joué un rôle dans la structuration du mouvement, même si elle a été contrebalancée par le mécontentement des automobilistes ou des routiers excédés par les blocages.

La spontanéité de ce mouvement et les violences qu'il a engendrées ont incité certains commentateurs à le qualifier de « jacquerie ». Qu'en pensez-vous ?

Parler de « jacquerie » à propos des Gilets jaunes est à la fois un anachronisme et une insulte. Le premier grand mouvement social qualifié de « jacquerie » a eu lieu au milieu du XIVe siècle, lorsque les paysans d'Île-de-France se sont révoltés conte leurs seigneurs. La source principale qui a alimenté pendant des siècles le regard péjoratif porté sur ces soulèvements populaires, c'est le récit de Jean Froissart, l'historien des puissants de son temps, rédigé au cours des années 1360 et publié dans ses fameuses *Chroniques*. «Ces méchants gens assemblés sans chef et sans armures volaient et brûlaient tout, et tuaient sans pitié et sans merci, ainsi comme chiens enragés.» Le mot «jacquerie» désignait alors les résistances des paysans, que les élites surnommaient les «jacques», terme méprisant que l'on retrouve dans l'expression «faire le Jacques» (se comporter comme un paysan lourd et stupide). Mais «la grande jacquerie» de 1358 n'avait rien à voir avec les contestations sociales actuelles. Ce fut un sursaut désespéré des gueux sur le point de mourir de faim, dans un contexte marqué par la guerre de Cent Ans et la peste noire. À l'époque, les mouvements sociaux étaient localisés et ne pouvaient pas s'étendre dans tout le pays, car les moyens de communication dont disposaient les émeutiers étaient le bouche-à-oreille.

Ceux qui ont qualifié de «poujadiste» le mouvement des Gilets jaunes mettent en avant leur revendication centrale : le refus des nouvelles taxes sur le carburant. Cette dimension antifiscale était en effet déjà très présente dans le mouvement animé par Pierre Poujade au cours des années 1950.

Là encore, je pense qu'il faut replacer le mouvement des Gilets jaunes dans la longue durée pour le comprendre. Les luttes antifiscales ont toujours joué un rôle extrêmement important dans l'histoire populaire de la France. L'État français s'est définitivement consolidé au début du XVe siècle, quand Charles VII a instauré l'impôt royal permanent sur l'ensemble du royaume. Dès cette époque, le rejet des taxes et des redevances prélevées par les seigneurs, les curés et les agents du roi a été une dimension essentielle des luttes populaires.

Néanmoins, il faut éviter de réduire les aspirations du peuple à des revendications uniquement matérielles. L'une des inégalités les plus massives qui pénalisent les classes populaires concerne leur rapport au langage public. Dans les années 1970, Pierre Bourdieu avait expliqué pourquoi les syndicats de cette époque privilégiaient les revendications salariales en disant qu'il fallait trouver des mots communs pour nommer les multiples aspects de la souffrance populaire. C'est pourquoi les porte-parole disaient «j'ai mal au salaire au lieu de dire j'ai mal partout». En novembre 2018, les Gilets jaunes ont crié «j'ai mal à la taxe au lieu de dire j'ai mal partout». Il suffit d'écouter leurs témoignages pour constater la fréquence des propos exprimant un malaise général. Dans l'un des reportages diffusés par BFM-TV, le 17 novembre, le journaliste voulait absolument faire dire à la personne interrogée qu'elle se battait contre les taxes, mais cette militante répétait sans cesse : «on en a ras le cul», « on en a marre de tout», « ras-le-bol généralisé».

«Avoir mal partout» signifie aussi souffrir dans sa dignité. C'est pourquoi la dénonciation du mépris des puissants revient presque toujours dans les grandes luttes populaires et celle des Gilets jaunes n'a fait que confirmer la règle. On a entendu un grand nombre de propos exprimant un sentiment d'humiliation, lequel nourrit le fort ressentiment populaire à l'égard d'Emmanuel Macron.

La journée du 24 novembre a mobilisé moins de monde que celle du 17, mais on a senti une radicalisation du mouvement, illustrée par la volonté des Gilets jaunes de se rendre à l'Élysée. Certains observateurs ont fait le rapprochement avec les manifestants du 6 février 1934 qui avaient fait trembler la République en tentant eux aussi de marcher sur l'Élysée.

Cette comparaison n'est pas crédible non plus sur le plan historique. La France des années 1930 était infiniment plus violente qu'aujourd'hui. Les manifestants du 6 février 1934 étaient très organisés, soutenus par les partis de droite, encadrés par des associations d'anciens combattants et par des ligues d'extrême droite (notamment les Croix-de-Feu) qui fonctionnaient comme des groupes paramilitaires. Leur objectif explicite était d'abattre la République. La répression de cette manifestation a fait seize morts et mille blessés. Le 9 février, la répression de la contre-manifestation de la gauche a fait neuf morts.

Si aucune de ces références historiques n'est pertinente, comment peut-on qualifier la mobilisation des Gilets jaunes ? S'agit-il d'une guerre sociale, d'un soulèvement, d'une insurrection, voire d'une révolution ? Distinguez-vous, comme Pierre Rosanvallon, une révolte d'un mouvement social ?

Je ne suis pas certain que le problème le plus important pour les analystes de ce conflit social soit de chercher les concepts permettant de le définir d'une manière impeccable. Pour moi, les concepts sont des « tableaux de pensée », comme le disait Max Weber, qui dépendent des problèmes que l'on veut comprendre. Les historiens ont très souvent utilisé l'expression « mouvement social » pour analyser des luttes qui relèvent de ce que Pierre Rosanvallon appelle une « révolte ». Il suffit de consulter la revue intitulée *Le Mouvement social*, l'une des principales revues historiques françaises, pour s'en convaincre. Définir un mouvement social comme une conduite organisée de l'action en vue d'atteindre des objectifs précis, par opposition à une révolte présentée comme le soulèvement d'une foule « structurellement inorganique[1] », me paraît discutable. Le terme « foule » a été utilisé dans le passé par des auteurs comme Gustave Le Bon ou Gabriel Tarde pour discréditer les luttes populaires. Mais les historiens ont montré depuis longtemps que ces révoltes perçues par les élites comme « inorganiques » avaient leur propre cohérence interne. C'est pourquoi, pour ma part, je ne fais pas vraiment de différence entre les termes « mouvement », « révolte », « soulèvement ». Je constate d'ailleurs qu'on parle régulièrement du « mouvement » de Mai 68, alors qu'il ne s'agissait pas non plus d'une révolte organisée, même si les syndicats et les partis l'ont rejointe par la suite. Cela dit, si le but de ce débat linguistique est de rappeler qu'une lutte populaire doit nécessairement trouver des porte-parole et des revendications communes pour perdurer, je suis d'accord.

---

1. Pierre Rosanvallon, La révolte des « Gilets jaunes » révèle le basculement dans un nouvel âge du social, *Le Monde*, 8 décembre 2018.

En tout cas, pour vous non plus on ne peut pas parler de « révolution ».

Ceux qui ont parlé de « révolution » à propos des événements du dimanche 2 décembre sont pris dans la surenchère langagière qui caractérise notre époque dominée par l'info-spectacle. Historiquement, ce qui a toujours distingué une révolution de tous les autres mouvements populaires, c'est la prise du pouvoir d'État. On parle du « soulèvement » ou de « l'insurrection » des canuts lyonnais en 1832-1834 parce que malgré l'ampleur de leurs luttes, ils n'ont pas renversé le régime de Louis-Philippe. À l'inverse, en février 1848, les ouvriers qui ont érigé les barricades dans les rues de Paris ont participé à une révolution parce que leur action a mis fin à la monarchie de Juillet, et a permis l'avènement de la IIe République.

Chapitre 2
Les contradictions d'une révolte sociale

Tout le monde, de Jean-Marie Le Pen à Jean-Luc Mélenchon, de Luc Ferry à Michel Onfray, se réclame de ce mouvement et glorifie la révolte du «peuple». Qu'en pensez-vous?

Selon les circonstances, selon les intérêts en présence, la définition du mot «peuple» peut varier du tout au tout. L'une des grandes constantes dans l'histoire de France, c'est que les révoltes populaires surprennent toujours les élites. Dans *la Lutte des classes en France*, publié en 1850, Karl Marx avait évoqué la «divine surprise» que fut pour les républicains la révolution de février 1848. En 1869, moins de deux ans avant la Commune, Alfred Mézières, professeur à la Sorbonne, écrivait: «Paris aurait horreur comme d'un retour à la barbarie des insurrections périodiques qui ensanglantaient autrefois le pavé de ses rues.» Quelques mois avant les événements de Mai 68, Pierre Viansson-Ponté (journaliste au *Monde*) affirmait: «La France s'ennuie.» Je pourrais multiplier les exemples. Comme les autres mouvements sociaux qui l'ont précédé, celui des Gilets jaunes a pris les élites par surprise.

Une autre constante historique tient au fait que lorsque le peuple fait irruption sur la scène de l'histoire, tous les commentateurs ne jurent plus que par lui. Marx poursuit son récit de la révolution de 1848 en racontant qu'au moment où les ouvriers de Paris chassèrent Louis-Philippe de son trône, «tous les royalistes se transformèrent en républicains et tous les millionnaires de Paris en ouvriers». C'est le même enthousiasme que décrit Gustave Flaubert dans le passage de *l'Éducation sentimentale* où il évoque la chanson qui était sur toutes les lèvres au printemps de cette même année 1848 : «Chapeau bas devant la casquette / À genou devant l'ouvrier».

Il n'est donc pas surprenant que le mouvement des Gilets jaunes ait provoqué un engouement identique chez les élites d'aujourd'hui. Treize patrons de grandes entreprises ont même poussé l'audace jusqu'à signer une tribune dans *le Monde* pour exprimer leur solidarité :

> Nous avons la conviction partagée qu'il est urgent que l'économie de notre pays soit plus inclusive, que l'économique et le social aillent de pair, que le tissu social se reconstruise à partir du tissu économique. Bref, que l'économie et la finance qui la sous-tend soient au service de la société[1].

Les esprits chagrins se demanderont peut-être pourquoi ils n'avaient pas exprimé publiquement cette « conviction partagée » avant la révolte populaire de novembre-décembre 2018.

N'accordons pas néanmoins trop d'importance à ces prises de parole publiques. L'histoire montre que ces engouements sont aussi soudains qu'éphémères et qu'ils

---

1. Collectif, Treize entreprises en faveur d'une « économie plus inclusive », *Le Monde*, 18 décembre 2018.

disparaissent dès que la révolte s'affaisse. *Le Monde* a publié un article très instructif sur le mépris de classe qu'a réveillé dans une partie des couches favorisées le mouvement des Gilets jaunes. Le quotidien avait évoqué la situation d'un couple de jeunes parents qui, à 26 ans, ont quatre enfants et qui touchent 941 euros d'allocations familiales. La mère ne travaille pas. Il leur arrive de manger au McDo et ils ont un chien. Ce portrait d'une famille modeste a suscité plus de mille commentaires qui illustrent une forte désapprobation pour ce type de profil populaire de la part de lecteurs appartenant aux classes supérieures (surreprésentés parmi les lecteurs du *Monde*). Ces Gilets jaunes ont été perçus comme de « faux pauvres » (alors que leurs ressources sont en dessous du seuil définissant la pauvreté selon l'INSEE). On leur reproche de ne pas savoir gérer leur budget, et leurs choix de vie provoquent une forte irritation parce que leurs ressources proviennent en partie de l'aide sociale. Ceux qui paient des impôts déplorent que ceux-ci servent à entretenir des « assistés »…

Est-ce que vous pourriez malgré tout définir ce qu'est le «peuple» et nous préciser ce que vous mettez derrière le mot «populaire» ?

Pour échapper aux querelles insolubles sur la définition du peuple, j'ai choisi pour ma part de distinguer le «populaire» et les «classes populaires». Cela revient à donner un sens sociologique à la définition politique du mot peuple. L'ensemble des citoyens d'une nation forment un peuple. Dans cette perspective, analyser un mouvement «populaire» nécessite de prendre en compte tous les acteurs concernés de près ou de loin par le mouvement pour mettre en lumière les rapports de domination tout autant que les formes de solidarité qui les lient. Non seulement ceux qui participent directement à la lutte, mais aussi ses porte-parole, et tous ceux qui la commentent, dans un sens ou dans un autre. On constate souvent, dans l'histoire, que ce sont finalement les élites qui fixent le sens d'une lutte populaire et ce qui en restera dans la mémoire collective.

Étant donné que le mouvement des Gilets jaunes est parti de la «base», échappant aux organisations qui prennent en charge, d'habitude, les revendications des citoyens, ceux que j'appelle les «professionnels de la parole publique» ont été particulièrement nombreux à s'exprimer sur le sujet. La nouveauté de cette lutte collective les a incités à rattacher l'inconnu au connu; d'où les multiples comparaisons historiques auxquelles nous avons eu droit. Ceux qui mettent en avant leurs «origines populaires» pour se présenter comme des porte-parole légitimes des mouvements sociaux, comme Michel Onfray ou Jean-Claude Michéa, se sont emparés des Gilets jaunes pour alimenter leurs polémiques récurrentes contres les élites de «Science Po» ou de «Normale Sup'». Les Gilets jaunes sont ainsi devenus les dignes successeurs des combattants de la Révolution française ou de la Commune luttant héroïquement contre les oppresseurs de tout poil.

De l'autre côté du spectre, il est amusant de voir comment les retraités de la contestation, qui avaient été des leaders du mouvement étudiant en 1968, ont été parmi les plus critiques à l'égard de cette révolte populaire, pour mieux glorifier leur héroïsme de jeunesse. Quand Daniel Cohn-Bendit affirme : « En 68, on se battait contre un général au pouvoir. Les Gilets jaunes aujourd'hui demandent un général au pouvoir », il tombe sous le coup d'une critique qu'il adressait lui-même à ceux qui dénonçaient les exactions commises en 1968 : faire l'amalgame entre des propos ou des comportements tout à fait minoritaires pour discréditer l'ensemble d'un mouvement. En effet, le seul porte-parole (auto-proclamé) des Gilets jaunes ayant réclamé le remplacement de Macron par le général de Villiers, c'est Christophe Chalençon, un artisan forgeron engagé à droite et connu pour ses propos islamophobes.

Comment percevez-vous cette bataille des ronds-points où les différentes sensibilités (nationalistes, sociales, régionalistes, etc.) semblent s'exacerber ?

Le succès des Gilets jaunes, le soutien massif que leur a apporté l'opinion, tient au caractère extrêmement large de leurs revendications initiales. Pour le reste, comme ils n'ont cessé de le répéter, chacun est libre de garder ses opinions. L'inconvénient de ce type de discours « apolitique », c'est qu'il se heurte vite aux contradictions de la société telle qu'elle est. En dehors des quelques revendications qui les rassemblent, les propos que tiennent les Gilets jaunes sont le reflet des clivages qui traversent la France d'aujourd'hui.

On retrouve ici une autre constante dans l'histoire des luttes sociales. Le plus souvent, ceux qui sont à l'avant-garde du mouvement appartiennent aux fractions les moins défavorisées des classes populaires, car les plus pauvres n'ont généralement pas les ressources nécessaires pour engager une lutte collective. Force est de constater que le mouvement des Gilets jaunes n'a pas entraîné les 4,5 millions de personnes qui vivent des minima sociaux. Les couches les plus marginalisées, celles qui résident dans les banlieues déshéritées, sont restées à l'écart de ce conflit.

Ce constat nous rappelle qu'en France, les classes populaires n'ont jamais constitué un ensemble homogène. L'une des conséquences à long terme de la Révolution française a été de maintenir au sein du peuple une forte proportion de paysans. Le clivage ville/campagne a creusé un fossé durable au sein des milieux populaires. En 1848, le divorce entre les ouvriers des villes et ceux qu'on appelait péjorativement les «ruraux» a été fatal au mouvement révolutionnaire.

À la fin du XIXe siècle, le triomphe de la grande industrie a déplacé la ligne de démarcation, mais il ne l'a pas supprimée. Les artisans, les petits commerçants, les travailleurs indépendants se sont progressivement désolidarisés du monde ouvrier, car les «conquêtes sociales» ont bénéficié surtout aux salariés. Les grèves de mai-juin 1936 ont été également impulsées au départ par la fraction la plus favorisée des classes populaires : les ouvriers très qualifiés de l'aéronautique et de l'automobile. Ils ont été rejoints ensuite par l'immense cohorte des manœuvres et des OS (dont beaucoup de femmes et d'immigrés), ce qui a donné son caractère de masse au mouvement. Néanmoins, on oublie souvent que les «acquis sociaux» obtenus en

1936 par les ouvriers grâce à leurs grèves ont considérablement aggravé la haine des travailleurs indépendants et des petits propriétaires à l'égard des salariés parce qu'ils ressentaient comme une formidable injustice le fait d'en avoir été privés. Le régime de Vichy s'est imposé en grande partie parce que les privilégiés ont attiré à eux cette partie des classes populaires en les intégrant dans leur définition des « classes moyennes ».

Ces clivages internes se sont estompés pendant les Trente Glorieuses, notamment en raison de l'effondrement de la paysannerie. Néanmoins, ils tendent à ressurgir aujourd'hui avec la précarisation du marché du travail, qui multiplie les catégories non ancrées dans l'entreprise : chômeurs, retraités, auto-entrepreneurs, etc. Comme je l'ai dit plus haut, ceux qui ont été à l'initiative du mouvement des Gilets jaunes sont en grande majorité issus de ces nouvelles composantes des classes populaires précarisées. Le mouvement des Gilets jaunes apparaît à bien des égards comme la « revanche » des indépendants face aux salariés. Le rond-point a remplacé l'usine comme lieu d'occupation, le jaune a remplacé le rouge comme symbole, *la Marseillaise* s'est imposée face à *l'Internationale*, la suppression des «taxes» a supplanté les revendications salariales, la dénonciation des hauts fonctionnaires et des élus (au premier chef le président de la République) a marginalisé les mises en cause du patronat.

La question migratoire s'est invitée dans le mouvement, à la fois du côté des Gilets jaunes avec la critique du pacte de Marrakech, largement déformé et fantasmé et, de l'autre, par Emmanuel Macron, qui a mis cette question à l'agenda de cette grande consultation nationale qui se déroulera jusqu'en mars. Les questions migratoires et celle, plus large, des étrangers, surviennent-elles toujours dans les conflits sociaux ?

N'en déplaise aux historiens (ou aux sociologues) qui idéalisent les «résistances populaires», le peuple est toujours traversé par des tendances contradictoires et des jeux internes de domination. Les propos et les comportements que vous évoquez sont fréquents dans les mouvements qui ne sont pas encadrés par des militants capables de définir une stratégie collective et de nommer le mécontentement populaire dans le langage de la lutte des classes. J'ai publié un livre sur le massacre des Italiens à Aigues-Mortes (1893)[1] qui montre comment la révolte spontanée des ouvriers français sans travail (qu'on appelait les «trimards») a dégénéré au point de se transformer en «pogrom» contre les saisonniers piémontais qui étaient embauchés dans les salins. Je suis convaincu que si les chaînes d'information en continu et les smartphones avaient existé en 1936, les journalistes auraient pu aussi enregistrer des propos xénophobes ou racistes pendant les grèves. Il ne faut pas oublier qu'une partie importante des ouvriers qui avaient voté pour le Front populaire en mai-juin 1936 a soutenu ensuite le Parti populaire français (PPF) de Jacques Doriot, qui était un parti d'extrême droite.

---

1. Gérard Noiriel, *Le Massacre des Italiens ; Aigues-Mortes 17 août 1893*, Fayard, 2010 (rééd Hachette-Pluriel, 2018).

Comme je le montre tout au long de mon dernier livre[1], la question migratoire a toujours été une dimension essentielle de l'histoire populaire de la France. Tous les êtres humains, quelle que soit l'époque ou le lieu, font partie de groupes sociaux qui construisent leur identité collective par opposition à ceux qui n'en font pas partie. C'est la fameuse logique du « eux » et du « nous » que Claude Lévi-Strauss avait repérée même chez les Nambikwara de la forêt amazonienne, à une époque où ils n'avaient pratiquement pas de contacts avec le reste du monde. Ce qui change au cours du temps, c'est la définition du « eux » et du « nous ». Les migrants, en tant qu'étrangers au groupe des autochtones, sont presque toujours perçus, au départ, comme une menace. Jusqu'au début de la IIIe République, le « nous » était cimenté par des relations directes entre les villageois ou les membres des petites communautés de métier urbaines. Les idéaux révolutionnaires avaient incité les représentants du

---

1. Gérard Noiriel, *Une histoire populaire de la France…*, 2018, *op. cit.*

peuple à supprimer les passeports au début de la Révolution, mais ceux-ci furent très vite rétablis sous la pression populaire. Lors des périodes de crise, la concurrence sur le marché du travail a souvent poussé les ouvriers des villes à refuser l'entrée des travailleurs venus d'autres régions. Le critère de la domiciliation a exercé pendant très longtemps un rôle capital dans les formes d'exclusion des «étrangers», beaucoup plus que la nationalité.

C'est seulement au début de la IIIe République, lorsque s'est produite ce que j'appelle la «nationalisation» de la société française, qu'a eu lieu le changement d'échelle. À partir de ce moment-là, comme l'a souligné Norbert Elias, l'État-nation est devenu «l'unité élémentaire de survie» pour les individus. Des liens indirects, médiatisés par la monnaie et par l'écriture, ont relié entre eux des citoyens appartenant à une même communauté nationale et partageant malgré les clivages de classes un même intérêt national. Étant donné que la citoyenneté républicaine est fondée sur la notion des droits et des devoirs, tout citoyen doit accepter de «verser son sang» pour la France, mais en échange la nation le protège. C'est pourquoi on peut dire que la «préférence nationale» est inscrite dans la logique républicaine, même si la Déclaration des droits de l'homme et du citoyen a ouvert une fenêtre sur un horizon plus universel. Ce cadre institutionnel permet de comprendre pourquoi, depuis la fin du XIXe siècle, la grande majorité des citoyens (pas seulement ceux des classes populaires) estiment qu'il est légitime que les Français passent avant les étrangers. Néanmoins, ce «sens commun» ne débouche pas forcément sur des choix politiques xénophobes, car les grands mouvements sociaux sont souvent aussi des moments où les travailleurs de toutes origines se retrouvent dans un combat commun. Les grèves du Front populaire ou les événements de Mai 68 ont permis de dépasser les clivages qui existaient déjà à cette époque entre les ouvriers franco-français (pour ne pas dire «français de souche») et les ouvriers issus de l'immigration.

Avec ce type d'explication, est-ce que vous ne craignez pas qu'on vous accuse de vouloir minimiser l'importance des slogans racistes, antisémites, homophobes et sexistes qu'on a entendus sur les ronds-points et pendant ces journées d'action ?

Les discours que vous évoquez sont très minoritaires parmi les Gilets jaunes. Une enquête réalisée par des sociologues de Bordeaux a montré que sur les cent soixante-six personnes interrogées, deux seulement plaçaient la question de l'immigration parmi leurs revendications. Une autre étude centrée sur les tweets échangés par les Gilets jaunes a conclu dans le même sens en soulignant l'absence quasi totale de propos racistes. Néanmoins, cela n'empêche pas que les risques de manipulation du mouvement soient bien réels. Jusque dans les années 1980, les organisations de gauche (partis, syndicats, associations) étaient suffisamment puissantes pour s'opposer efficacement aux dérives xénophobes et racistes en privilégiant les explications sociales afin d'expliquer les malheurs du peuple.

Le déclin du mouvement ouvrier rend sans doute les classes populaires plus perméables aux discours xénophobes.

Le fait que les Gilets jaunes aient constamment refusé de se donner des porte-parole accentue ces risques de manipulation. On retrouve ici ce que je disais plus haut à propos des contradictions auxquelles se heurte ce mouvement social. Le côté sympathique, c'est que chacun d'entre nous peut enfiler son gilet jaune et se rendre sur un rond-point où il sera bien accueilli car on ne lui demandera ni son nom ni sa carte de membre. L'inconvénient, c'est qu'un mouvement qui ne parvient pas à s'organiser s'expose à toutes les formes de récupération. Les discours véhiculés par plusieurs des porte-parole auto-proclamés des Gilets jaunes illustrent bien les risques de dérive du mouvement vers l'extrême droite.

L'absence de structuration et de discipline empêche aussi les Gilets jaunes de combattre une autre forme de «récupération» : celle qui vient des médias. Le travail quotidien des journalistes réside dans la sélection des faits. La concurrence exacerbée que se livrent les grandes chaînes télévisées pour faire de l'audience les pousse à privilégier le *scoop*, c'est-à-dire l'événement exceptionnel (le train qui n'arrive pas à l'heure). Du coup, il suffit que quelques individus tiennent des propos hostiles aux musulmans ou fassent une «quenelle» pour qu'on accuse les Gilets jaunes de racisme et d'antisémitisme. Comme ces propos et ces gestes tournent ensuite en boucle sur toutes les chaînes, cela discrédite tout le mouvement.

Quelle serait, selon vous, la meilleure façon de combattre ces discours de haine?

J'ai publiquement regretté que les intellectuels et les artistes connus pour leur engagement en faveur des minorités n'aient pas davantage soutenu le mouvement des Gilets jaunes, car lorsqu'on discute avec celles et ceux qui occupent les ronds-points, on voit bien qu'ils sont politiquement déboussolés et manquent de références. Je suis convaincu qu'on pourrait les aider en s'engageant dans un travail d'éducation populaire qui ne consisterait pas à faire la leçon aux acteurs du mouvement, mais à leur donner des perspectives à partir de leurs propres préoccupations. Les artistes auraient pu, par exemple, aider les Gilets jaunes à renforcer la dimension ludique et contestatrice du mouvement en renouant avec des formes anciennes de la culture populaire (carnaval, charivaris…).

Vous avez peut-être vu ce très beau film de Matthew Warchus (scénario de Stephen Beresford) intitulé *Pride*[1], tiré d'une histoire vraie. Il raconte l'engagement d'un groupe d'activistes gays et lesbiens à Londres, qui décident de réunir des fonds pour aider les familles touchées par la grève que les mineurs ont lancée (en 1984-1985) pour s'opposer à la politique ultralibérale de Margaret Thatcher qui les condamnait à mort. Le Syndicat national des mineurs ayant fait part de ses réticences face à ce soutien inattendu (par crainte d'être ouvertement associé à un groupe gay), les militants londoniens décidèrent d'apporter leurs dons directement aux familles ouvrières vivant dans un petit village minier du Pays de Galles.

---

1. Film sorti en 2014.

Le film montre d'une manière très fine et très touchante comment des individus appartenant à des communautés que tout séparait au départ finirent par tisser des liens très forts entre eux, car ils découvrirent au cours de cette lutte commune qu'ils combattaient pour la même cause : défendre leur droit à l'existence et leur dignité. Ce film est un document extraordinaire pour faire comprendre comment une lutte collective transforme celles et ceux qui y participent, fait tomber des préjugés, déplace la frontière du « eux » et du « nous ». Des membres du Syndicat des mineurs s'engageront d'ailleurs quelques années plus tard pour défendre les revendications du mouvement LGBT.

Au cours du mouvement des Gilets jaunes, on n'a guère entendu les porte-parole des « minorités » ni les partisans de « l'intersectionnalité » s'exprimer publiquement pour apporter leur soutien à leur combat. Le fait que le mouvement a commencé par un rejet des taxes sur les carburants a été perçu comme une revendication anti-écologiste. Les propos sexistes, homophobes ou racistes entendus ici et là ont ensuite provoqué l'indignation de celles et de ceux qui y ont vu un mouvement de « mâles blancs » obsédés par leur bagnole. Les militants LGBT de Londres auraient pu réagir de la même manière car l'homophobie existait aussi chez les mineurs de charbon britanniques. Mais en faisant l'effort de se « rendre étrangers à eux-mêmes », ils ont réussi à découvrir ce qu'ils avaient en commun avec ces travailleurs. Au lieu de s'enfermer dans leur logique communautaire, ils ont fait avancer la cause des mineurs, mais aussi leur propre cause.

Pourquoi cette jonction n'a-t-elle pas eu lieu ?

L'un des grands mérites de ce mouvement, à mes yeux, est d'avoir replacé la question sociale au centre du jeu politique. Ce faisant, il a mis en lumière un clivage qui traverse aujourd'hui le monde des artistes et des universitaires. Selon les problèmes qui sont privilégiés dans l'actualité, ce ne sont pas les mêmes composantes du monde intellectuel qui sont placées sur le devant de la scène. Il y a un effet d'homologie entre ce qui se passe dans les milieux populaires et dans les élites. La lutte des Gilets jaunes a non seulement rendu visible la fraction du peuple qui était restée dans l'ombre pendant longtemps, mais cette visibilité a rejailli aussi sur les chercheurs en sciences sociales qui s'intéressent aux classes populaires. Je l'ai observé sur mon propre travail. Mon ouvrage sur l'histoire populaire de la France, sorti à la mi-septembre 2018, a suscité très peu de comptes rendus dans la presse jusqu'à la mi-novembre. Mais grâce aux Gilets jaunes, j'ai été pris ensuite dans un véritable « tourbillon » médiatique.

Nous sommes donc nous-mêmes dépendants de l'actualité. Lorsque ce sont les attentats terroristes ou les questions identitaires (racisme, antisémitisme, etc.) qui sont à la une, ce sont d'autres composantes du monde universitaire qui sont valorisées dans l'espace public. Ces différences entre ceux qui s'intéressent surtout aux questions sociales et ceux qui s'intéressent surtout aux questions identitaires ne recoupent pas les clivages politiques traditionnels. Ce sont des « matrices discursives » (des

« paradigmes ») qui recèlent chacune leurs propres divisions internes. Le mouvement des Gilets jaunes a mis aux prises des gens de droite et de gauche qui s'affrontent sur le terrain économique et social pour savoir s'il faut résoudre le problème par des solutions libérales ou keynésiennes. De même, ceux qui privilégient les questions identitaires se divisent entre antiracistes et défenseurs de la France éternelle. Le mouvement des Gilets jaunes a momentanément marginalisé du débat public les querelles identitaires, bien que leurs adeptes aient tenté de le ramener sur leur terrain favori. Éric Zemmour a célébré la France des Gilets jaunes, dans laquelle il a vu une « majorité d'hommes blancs entre 30 et 50 ans » et non pas des « minorités » défendues par « les « gauchistes et les féministes ». Et c'est dans le camp adverse que les voix les plus nombreuses se sont exprimées pour dénoncer les discours « racistes » et « antisémites » des Gilets jaunes.

Parmi les intellectuels qui combattent les discriminations, beaucoup défendent la théorie de « l'intersectionnalité », appelant à articuler

les questions de race, de genre et de classe.
Pourquoi le mouvement des Gilets jaunes
n'a-t-il pas été appréhendé sous cet angle,
selon vous ?

Il est facile d'articuler en théorie les différentes formes de luttes qui existent dans
notre société. Mais force est de constater
qu'en pratique, c'est beaucoup plus difficile. Les clivages qui existent aujourd'hui
au sein du monde intellectuel ne peuvent
pas être dépassés par de simples discours
parce que c'est leur propre identité, leurs
propres croyances, que les uns et les autres
engagent dans l'espace public en se plaçant
au service de telle ou telle cause.

Outre les raisons que j'ai évoquées plus
haut, les réticences de beaucoup d'intellectuels critiques à l'égard des Gilets jaunes
tiennent également au fait que ceux-ci ont
posé des questions qui sont embarrassantes
pour notre propre classe sociale, en abor-
dant notamment le problème des inégalités
salariales entre les classes populaires et les
classes supérieures. Ceux qui ne veulent
pas répondre à ce genre de questions les
évacuent en dénonçant le « populisme » des

Gilets jaunes. Sans vouloir généraliser, je pense que la focalisation sur les questions identaires est parfois une autre façon commode d'ignorer des mises en cause qui nous concernent directement. Si l'on appliquait un modèle social à la suédoise, comme certains le proposent, il faudrait que nous qui appartenons aux classes privilégiées, nous acceptions une réduction des écarts salariaux avec ceux d'en bas.

Bien sûr, s'ils voulaient pousser le raisonnement jusqu'au bout, il faudrait que les Gilets jaunes s'interrogent sur leurs propres «privilèges» par rapport à ceux qui sont situés en dessous d'eux sur l'échelle sociale, à savoir les fractions les plus marginalisées, souvent issues de l'immigration, qui n'ont même pas de voiture et vivent en cité. En allant encore plus loin, il faudrait comparer cette pauvreté française avec l'extrême pauvreté que subissent des milliards d'individus sur notre planète. C'est par ce biais économique que l'on retrouverait la question migratoire, laquelle s'explique comme on le sait par les inégalités de développement au niveau mondial, par les guerres, par le réchauffement climatique, etc.

Chapitre 3
Une crise profonde de la démocratie
représentative

Le mouvement des Gilets jaunes s'est illustré par un discours constant refusant toute «récupération», et même par le rejet des représentants syndicaux, des politiques, des journalistes, récusant finalement tous ceux qui parlaient à leur place. Comment comprenez-vous cette grande crise de la légitimité démocratique qui semble toucher le pouvoir?

Les peuples ont toujours accepté la domination qu'exerce sur eux le pouvoir souverain quand ils croyaient dans sa légitimité. Sous l'Ancien Régime, la légitimité du pouvoir royal reposait sur la foi religieuse. Le roi de France, en se présentant lui-même comme «très chrétien», mettait en avant son caractère divin. En schématisant, c'est parce qu'il apparaissait comme doté de pouvoirs surnaturels et d'une essence autre que celle du peuple que celui-ci acceptait de lui obéir. La conception républicaine de la citoyenneté a renversé radicalement ce schéma. Dans une démocratie fondée sur la souveraineté du peuple, la légitimité de ceux qui exercent le pouvoir d'État repose sur un principe d'identité. C'est parce que les représentants appartiennent au même peuple que les représentés qu'ils peuvent exercer les missions que le peuple leur confie. Tout citoyen peut être gouvernant et/ou gouverné, représentant et/ou représenté.

Mais comment concevoir cette représentation ? C'est autour de cette question que se sont cristallisés les grands clivages politiques dans les sociétés démocratiques. Comme je le montre dans *Histoire populaire de la France*, la défiance populaire à l'égard de la politique parlementaire a été une constante dans notre histoire contemporaine. Dès les débuts de la Révolution française, la délégation de pouvoir a été justifiée par l'argument qu'il fallait confier la direction de l'État aux citoyens les plus compétents, considérés comme les meilleurs défenseurs de l'intérêt du peuple tout entier. Or l'élection des meilleurs est un principe aristocratique (en grec ancien, *aristoï* signifie « les plus forts » et, par extension, « les plus braves, les plus vertueux, les meilleurs »), auquel a été opposé un principe véritablement démocratique : la représentation sans délégation, dont le tirage au sort est l'une des modalités. Si l'on passe de la philosophie politique à la sociologie, on retrouve le même clivage, mais formulé différemment. La politique, au sens traditionnel du terme, est un art bourgeois. Il faut savoir bien parler, être capable d'argumenter devant une assemblée, maîtriser des dossiers, etc. Les classes populaires, massivement privées de ces ressources scolaires et culturelles, ont donc été frustrées d'être mises sur la touche par des élites parlant en leur nom. C'est ce qui explique que, dès 1792, les sans-culottes aient plaidé pour une conception de la citoyenneté mobilisant leurs propres compétences. Telle est, à mon sens, la cause sociale des aspirations à la démocratie directe. Elle s'illustre par le privilège accordé à l'échelon local, aux discussions débouchant sur des actions pratiques résolvant des problèmes de la vie quotidienne, à la parole plutôt qu'à l'écrit, au vote à main levée permettant le contrôle du groupe sur les choix individuels plutôt qu'au secret de l'isoloir, etc.

Ces aspirations ont ressurgi dans toutes les grandes luttes populaires depuis la Révolution française. La volonté des Gilets jaunes d'éviter toute « récupération politique » s'inscrit dans le prolongement de cete critique récurrente de la conception dominante de la citoyenneté, que l'on retrouve chez les sans-culottes en 1792-1794, les citoyens-combattants de février 1848, les communards de 1870-1871 et les anarcho-syndicalistes de la Belle Époque.

La défiance à l'égard des « corps inter-médiaires » n'a-t-elle pas considérablement aggravé ce refus de toute « récupération » du mouvement ?

Je pense que l'impuissance dont ont fait preuve les partis de gauche et de droite face aux ravages du capitalisme néolibéral a fortement contribué au discrédit du système représentatif. Ce phénomène n'est pas entièrement nouveau, lui non plus. Les crises récurrentes du système capitaliste que les représentants du peuple ont été incapables de résoudre ont constamment miné la démocratie parlementaire. Dans les années 1880, la montée en puissance du général Boulanger fut une conséquence directe de la Grande Dépression. De même, la crise économique des années 1930 provoqua un immense discrédit des régimes démocratiques dont profitèrent les dictateurs comme Hitler.

Néanmoins, on ne peut pas ignorer que la crise actuelle de la représentation politique a aussi des causes institutionnelles. L'une des conséquences positives des nouvelles technologies impulsées par l'internet, c'est qu'elles facilitent l'action directe des citoyens. C'est ce qui explique que l'on ait vu apparaître soudain en pleine lumière des porte-parole qui étaient socialement destinés à rester dans l'ombre. Ce qui m'a frappé, en effet, dans le mouvement des Gilets jaunes, c'est la diversité de leurs profils, et notamment le grand nombre de femmes, alors qu'auparavant la fonction de porte-parole était le plus souvent réservée aux hommes. La facilité avec laquelle ces leaders populaires s'expriment aujourd'hui devant les caméras est une conséquence d'une double démocratisation : l'élévation du niveau scolaire et la pénétration des techniques de communication audiovisuelle dans toutes les couches de la société. Comparée aux autres pays de l'OCDE, la France se distingue par deux caractéristiques : c'est l'un des pays où les inégalités sociales sont les moins marquées, mais c'est aussi celui où la progression de la scolarité a été la plus forte. Davantage que les facteurs proprement économiques, c'est donc la capacité collective d'exprimer publiquement sa révolte qui semble la cause principale du mouvement des Gilets jaunes.

Or cette compétence a été complètement niée par les élites. Sur 577 députés, il n'y a aucun ouvrier alors que ceux-ci représentent plus de 20 % des actifs et que beaucoup d'entre eux ont le baccalauréat. En 1936, la très grande majorité des ouvriers n'avaient que le certificat d'études (ou un CAP), mais une cinquantaine d'entre eux furent élus députés sous la bannière du Front populaire. Aujourd'hui, les élus de droite et de gauche ont la même origine sociale et ils défendent, à peu de chose près, la même politique.

Plusieurs facteurs historiques ont contribué à faire de cette question un enjeu plus important en France qu'ailleurs. La Révolution française a imposé un modèle de citoyenneté centralisé. Étant donné que la nation est présentée comme « une et indivisible », l'exercice de la démocratie directe est par définition impossible car on ne peut pas réunir tous les citoyens sur une même place publique pour discuter et voter les lois de l'État. Ces obstacles ont été aggravés par la faiblesse chronique des « corps intermédiaires ». Ceux qui existaient sous l'Ancien Régime ont été éradiqués par la Révolution française et ont eu beaucoup de mal à se reconstituer. La faiblesse des syndicats que l'on constate aujourd'hui ne date pas d'hier. Émile Durkheim, dans la préface à la deuxième édition de sa thèse sur la *Division du travail social* (1893), déplorait déjà la faiblesse des corps inter-médiaires et plaidait pour un renforcement des syndicats afin de développer les liens entre les citoyens de base et le pouvoir central[1].

La crise économique qu'a connue la France à partir des années 1980 a abouti à des résultats inverses car la désindustrialisation, la précarisation de l'emploi, la montée de l'endettement des ménages, ont considérablement affaibli les syndicats. La centralisation du pouvoir a été également accentuée par la Constitution de la Ve République, mise en place par le général de Gaulle pour renforcer le pouvoir exécutif au détriment des parlementaires.

Tous ces facteurs se sont conjugués pour alimenter la défiance populaire à l'égard de notre démocratie parlementaire. Avant le mouvement des Gilets jaunes, les premiers signes de cette défiance sont apparus sur la scène électorale. Ils se sont concrétisés dès la fin des années 1990 par

---

1.   Consultable dans l'édition électronique réalisée par Bertrand Gibier, Université du Québec à Chicoutimi, à partir de la 8e édition des Presses universitaires de France, 1967, URL : <http://classiques.uqac.ca/classiques/Durkheim_emile/division_du_travail/division_travail_preface2.html>.

la montée de l'abstention, laquelle peut atteindre aujourd'hui 30 à 40 % chez les ouvriers.

Est-ce que, dans le passé, ces aspirations populaires en faveur de la démocratie directe ont abouti à de réels changements institutionnels ?

Force est de constater que les revendications concernant la démocratie directe qui se sont exprimées pendant les grandes luttes sociales n'ont jamais débouché jusqu'ici sur des transformations durables de notre vie politique. La raison principale tient dans les clivages au sein même des classes populaires que j'ai évoqués plus haut. Toutes les révolutions que la France a connues entre 1789 et 1871 ont été finalement vaincues parce qu'à chaque fois la classe dominante s'est appuyée sur les fractions des classes populaires qui étaient restées à l'écart du mouvement (principalement les paysans). Le Front populaire a été victime lui aussi de ces divisions ; et l'on sait que les adversaires du mouvement de mai-juin 1968, emmenés par le parti gaulliste, ont finalement gagné les élections législatives à la fin du mois de juin 1968.

Cependant, même quand une lutte populaire est vaincue, il en reste toujours quelque chose. Les aspirations à la démocratie directe ont souvent été relayées par les élites et traduites dans des dispositifs compatibles avec les principes de la démocratie représentative. Le meilleur exemple est celui de la Révolution française qui aboutira au renversement de la monarchie par la République. Mais on peut évoquer aussi le suffrage universel masculin qui a été adopté par le gouvernement provisoire au lendemain de la révolution de février 1848. Plus près de nous, pour répondre aux aspirations « autogestionnaires » apparues lors du mouvement de mai-juin 1968, le général de Gaulle avait proposé de fusionner le Conseil économique et social et le Sénat au sein d'une nouvelle assemblée consultative, mais les Français, consultés par référendum, répondirent par la négative, ce qui conduisit à la démission du Général.

Comment expliquer cette focalisation du mécontentement sur Emmanuel Macron ?

La stratégie d'Emmanuel Macron visant à s'appuyer sur le petit milieu des cadres supérieurs pour imposer à tous les Français sa potion libérale a été la goutte d'eau qui a fait déborder le vase. Parmi les chercheurs, un certain nombre d'économistes, de sociologues, de politistes avaient tiré la sonnette d'alarme depuis plusieurs années. Il semble qu'Emmanuel Macron ait été lui-même conscient de la crise dans laquelle a sombré notre système démocratique puisque, dans son programme présidentiel intitulé *Révolution*, il déplorait que les Français soient gouvernés par des « dirigeants qui ne leur ressemblent plus ». Il a cru pouvoir remédier à cette crise en privilégiant deux solutions. La première a été de faire davantage de place aux femmes et aux personnes issues de la « diversité ». Grâce à son parti En marche, leur nombre a progressé à l'Assemblée nationale. Mais il a oublié de prendre en compte les discriminations sociales. Comment voulez-vous que les classes populaires prennent au sérieux les discours des politiciens sur la promotion sociale par l'école quand dans leur propre milieu ces derniers démontrent tout le contraire ?

La seconde solution a été de se présenter lui-même comme l'homme providentiel, stratégie illustrée par une posture que les commentateurs ont appelée «jupitérienne». Il a gagné l'élection en dénonçant lui aussi les partis politiques traditionnels, ce qui a contribué à aggraver le discrédit de notre système représentatif. À peine élu, il a poursuivi sur sa lancée en contournant les «corps intermédiaires» pour imposer ses mesures libérales au pas de charge.

Vous disiez pourtant que dans l'histoire de la France, le discrédit du système parlementaire a souvent servi ceux qui se présentaient comme des «hommes providentiels», tels le général Boulanger, le maréchal Pétain ou le général de Gaulle ?

C'est vrai. Mais le mouvement des Gilets jaunes a montré que ce «vieux monde» là était lui aussi obsolète. Preuve que la crise de représentation a atteint un nouveau seuil. C'est ce que n'a pas compris Emmanuel Macron. J'ai analysé, dans la conclusion d'*Une histoire populaire de la France*, l'usage que le candidat Macron avait fait de l'histoire dans son programme présidentiel. Il est frappant de constater que les classes populaires en sont totalement absentes. Dans le Panthéon des grands hommes à la suite desquels il affirme se situer, on trouve Napoléon, Clemenceau, de Gaulle, etc., mais pas Jean Jaurès ni Léon Blum. Certes, la plupart de nos dirigeants sont issus des classes supérieures, mais jusque-là ils avaient tous accumulé une longue expérience politique avant d'accéder aux plus hautes charges de l'État, ce qui leur avait permis de se frotter aux réalités populaires. Macron est devenu président sans aucune expérience politique. La vision du monde exprimée dans son programme illustre un ethno-centrisme de classe moyenne supérieure qui frise parfois la naïveté. S'il concentre aujourd'hui le rejet des classes populaires, c'est en raison du sentiment profond d'injustice qu'ont suscité des mesures qui supprriment l'ISF, baissent les impôts des super-riches, tout en aggravant la taxation des plus modestes.

Le rejet qu'a engendré la personnalité d'Emmanuel Macron tient aussi à sa façon de s'exprimer et de se comporter. Pour ne pas paraître « populiste », il a poussé jusqu'à la caricature l'usage de mots incompréhensibles combinés avec des propos opposant « ceux qui ne sont rien » face aux « premiers de cordée ». Ce type de discours a conforté l'opinion dans l'idée qu'il ignorait, et même qu'il méprisait, les classes populaires. « L'autre fois, il a dit qu'on était des "poujadistes". J'ai été voir dans le dico, mais c'est qui ce blaireau pour nous insulter comme ça ? » Ce témoignage d'un chauffeur de bus publié par *Médiapart* le 17 novembre 2018 illustre bien ce divorce. Au-delà du président de la République lui-même, les propos de ce chauffeur de bus sont très instructifs sur le fossé qui sépare les classes populaires d'une élite politisée s'exprimant dans une langue que ne comprennent pas les gens ordinaires.

Le mouvement des Gilets jaunes a entraîné une sorte de « chasse à l'homme » dont Emmanuel Macron a été la victime et qui m'a mis, personnellement, mal à l'aise. Une fois de plus, tous ceux qui devraient s'interroger sur eux-mêmes se sont défilés en s'acharnant sur un bouc émissaire. Pourtant, les critiques adressées au président de la République visent l'ensemble des élites de notre pays. Tous ceux que j'appelle «les professionnels de la parole publique» auraient dû s'interroger sur leur propre responsabilité dans cette crise sociale, sur le fossé qui les sépare des milieux modestes et qui les pousse constamment à interpréter les comportements ou les propos du peuple à l'aide de leurs propres catégories de pensée.

La crise de représentation que nous traversons aujourd'hui n'est pas seulement institutionnelle; elle est aussi culturelle. La France est un pays où les élites dirigeantes se reproduisent au sein d'un tout petit milieu. Ils sont passés par les mêmes écoles qui leur ont inculqué une vision du monde dont l'un des principaux travers est de surpolitiser les comportements populaires. Du coup, le moindre geste, le moindre propos, le moindre symbole est aussitôt investi de significations politiques, alors que celles-ci échappent bien souvent aux classes populaires. C'est ce qui explique, par exemple, que beaucoup de gens soient offusqués quand on les traite de «racistes» parce qu'ils partagent tel ou tel préjugé à l'égard des gens qui sont différents d'eux. Bien sûr qu'il est nécessaire de combattre les préjugés, mais il faudrait commencer par s'interroger sur les limites des armes utilisées jusqu'ici pour mener ce combat, si l'on veut être davantage compris par le peuple.

J'ai acquis la conviction que le type habituel d'interventions des intellectuels (livres, articles, conférences) était insuffi-sant pour mener ce combat civique car elles ne parviennent pas à atteindre les classes populaires. C'est la raison pour laquelle j'ai fondé, il y a une dizaine d'années, une association d'éducation populaire (le collectif DAJA) avec des artistes du spec-tacle vivant afin de toucher des milieux sociaux que les universitaires ignorent le plus souvent.

L'un des phénomènes nouveaux qui a caractérisé le mouvement des Gilets jaunes, c'est le grand nombre d'agressions verbales, et même physiques, à l'encontre de journalistes. Comment l'expliquez-vous ?

Je pense que nous assistons aujourd'hui à un nouvel épisode dans la lutte déjà ancienne que se livrent les politiciens et les journalistes pour apparaître comme les véritables représentants du peuple. En diffusant en boucle les propos des manifestants affirmant leur refus d'être « récupérés » par les syndicats et les partis, les chaînes d'information en continu ont mené leur *propre* combat pour écarter les corps intermédiaires et pour s'installer comme les porte-parole légitimes des mouvements populaires. Le fait que des journalistes aient endossé publiquement un gilet jaune avant la manifestation du 17 novembre illustre bien cette stratégie ; laquelle a été confirmée par les propos entendus sur les chaînes d'information en continu présentant ce conflit social comme un « mouvement inédit de la majorité silencieuse ». Nous avons là une illustration parfaite du rôle que jouent les médias audiovisuels dans la «démocratie du public» que j'évoquais plus haut.

Pourtant, ils sont confrontés eux aussi à la crise que traverse aujourd'hui notre système de représentation. La journée du 24 novembre a mis à nu la contradiction dans laquelle se débattent les nouveaux médias. Pour ceux qui les dirigent, le mot «populaire» est un synonyme d'audience. Le soutien qu'ils ont apporté aux Gilets jaunes leur a permis de «booster» fortement l'Audimat. En couvrant du matin jusqu'au soir les manifestations, BFM-TV a atteint le score, incroyable pour cette chaîne, de 10,9 % de part d'audience, devenant ainsi la 2ᵉ chaîne de France juste derrière TF1 (17,1 %), loin devant France 2 qui a souffert des faibles audiences du Téléthon. La morale de ces chiffres est cruelle: pour faire du profit, mieux vaut s'intéresser aux casseurs qu'aux associations caritatives.

Force est de constater, en effet, que c'est la violence des manifestations qui s'est imposée rapidement comme l'événement le plus spectaculaire, donc le plus important du point de vue de l'Audimat. Pour garder leur public en haleine, les chaînes d'information en continu sont dans l'obligation, en effet, de présenter constamment un spectacle, ce qui incite les journalistes à privilégier les incidents et la violence. Du coup, les Gilets jaunes se sont sentis trahis par les médias qui les avaient soutenus au départ. Telle est la raison profonde des agressions inadmissibles dont ont été victimes certains journalistes couvrant les manifestations. Leur situation a été d'autant plus inconfortable qu'ils ont souvent été pris entre deux feux, non seulement confrontés à l'hostilité de Gilets jaunes, mais aussi victimes de la répression policière. Le 8 décembre, de nombreux photographes de presse se sont fait confisquer leur équipement de protection individuel, parfois sous la menace d'une garde à vue. Des photographes ont été visés par des tirs de lanceurs de balle de défense, un autre a même dû être hospitalisé après avoir été frappé par un CRS. Quatre syndicats de journalistes ont condamné «les dérapages inadmissibles des forces de police, notamment à Paris».

Pourtant, la couverture médiatique de ce mouvement ne s'est pas limitée aux images de violence. Les journalistes ont continué à donner la parole aux Gilets jaunes dans leur diversité. On en a vu beaucoup sur les plateaux de télévision.

Effectivement. Ces chaînes ont exploité un autre ressort qui contribue à générer de l'audience : la compassion pour les pauvres qui n'arrivent pas à boucler leurs fins de mois. Je ne suis pas sûr néanmoins que toutes les composantes du mouvement aient été traitées de la même manière sur les plateaux de télévision. Il faudrait faire une enquête pour éclairer le travail de sélection opéré par les journalistes de l'audiovisuel pour choisir les « bons clients ». Lorsque les chaînes invitent sur leur plateau les porte-parole habituels des partis ou des syndicats, la situation de communication est parfaitement prévisible et les journalistes en conservent la maîtrise. Mais l'irruption brutale de porte-parole issus des classes populaires a rendu ce genre de séquences plus aléatoire et parfois beaucoup plus périlleux pour les journalistes.

Un bon exemple a été donné par l'échange tendu qui a opposé, le soir du 8 décembre, Bruno Jeudy, l'un des principaux éditorialistes de BFM-TV (auteur de plusieurs biographies sur Nicolas Sarkozy[1]), et Christophe Couderc, un porte-parole des Gilets jaunes. Lorsque ce dernier prit la parole pour dénoncer la politique d'Emmanuel Macron en faveur de «ses amis, les banquiers internationaux», Bruno Jeudy l'apostropha en ces termes: «Vous avez des obsessions qui sont des obsessions politiques et qui ne sont pas démocratiques [...] Vous êtes un faux gilet jaune. Vous êtes un militant politique.» Son interlocuteur lui répondit alors: «Vous n'êtes pas un vrai journaliste.»

En donnant l'impression de défendre les banquiers contre un représentant des Gilets jaunes, en reconnaissant que seuls les Gilets jaunes «apolitiques» étaient légitimes, ce journaliste a prêté le flanc à ceux

---

1. Bruno Jeudy et Ludovic Vigogne, *Nicolas Sarkozy, de Neuilly à l'Élysée*, Archipel, 2007; Bruno Jeudy et Éric Decouty, *Sarkozy et «ses» femmes*, Plon, 2008; Bruno Jeudy et Karim Nedjari, *Sarkozy côté vestiaires*, Plon, 2010.

qui l'accusent d'être l'avocat des actionnaires propriétaires de cette chaîne privée. Trois jours plus tard, Benjamin Griveaux, le porte-parole du gouvernement, a repris à son compte l'argument de Bruno Jeudy reprochant le côté «politisé» de Couderc en l'accusant même d'être «raciste». Bel exemple de *fake news* puisque M. Griveaux avait confondu le Couderc présent ce soir-là sur BFM-TV avec un homonyme.

On voit clairement comment le gouvernement et ces grands médias peuvent conjuguer leurs efforts pour tenter de discréditer un mouvement social. Ce genre de situation est toutefois périlleux pour une grande chaîne d'information, car il faut qu'elle apparaisse comme neutre pour rester crédible.

Force est de reconnaître, néanmoins, qu'en matière de «fausses nouvelles», les Gilets jaunes ont surpassé les membres du gouvernement. De l'attentat de Strasbourg au pacte de Marrakech, nombre de Gilets jaunes et de plates-formes numériques solidaires du mouvement ont contesté la véracité des faits, une tuerie dans le centre de la capitale alsacienne d'un côté, un texte de l'ONU non-contraignant sur les migrations de l'autre. Pourquoi une telle porosité aux fake news *?*

La question des fausses nouvelles est très intéressante. Malheureusement, elle est abordée, le plus souvent, par le petit bout de la lorgnette. Je rappellerai tout d'abord que ce n'est pas un phénomène nouveau. Les historiens du XVIIIe siècle (je pense notamment à Robert Darnton et Arlette Farge) ont montré qu'à Paris les rumeurs et les fausses nouvelles circulaient constamment non seulement dans les classes populaires mais aussi au sein des élites. Un exemple fameux est celui qui a engendré la «Grande Peur» des paysans en juillet-août 1789. Après la prise de la Bastille, la rumeur que les nobles allaient se venger s'est diffusée dans les campagnes, incitant les paysans à prendre les devants en s'attaquant aux châteaux et en tuant leurs occupants.

La question des fausses nouvelles a pris une tournure différente au XIXe siècle, quand le champ journalistique s'est structuré autour d'une déontologie du fait vrai et vérifié (recoupé). Ce principe s'est exacerbé aujourd'hui car les journalistes professionnels subissent la concurrence de ceux qui s'improvisent journalistes en utilisant les réseaux sociaux pour diffuser leur prose. La chasse que les professionnels mènent contre les «fausses nouvelles» est le pendant de leur attachement au «décryptage» de l'actualité (terme magique qui s'est imposé récemment dans les rédactions). Je suis d'autant plus sensible à ce combat pour la vérité que je le mène moi aussi en tant qu'historien contre les manipulations de la mémoire que véhiculent également les réseaux sociaux.

Néanmoins, depuis les années 1970, les chercheurs en sciences sociales ont pris leurs distances à l'égard du culte positiviste du «fait vrai» en insistant sur ce qu'ils appellent «la construction sociale de la réalité». La vérité d'un fait est conditionnée par la question que l'on pose. Et c'est à ce niveau-là que les incompréhensions entre chercheurs et journalistes sont les plus manifestes. Par exemple, lors des manifestations de novembre-décembre 2018, des vitrines ont été détruites sur les

Champs-Élysées. C'est un fait vrai. Mais est-ce qu'il s'agit d'un fait important ? À quelle question sous-jacente répond la mise en exergue de ce fait ?

Les Gilets jaunes qui estiment que les journalistes auraient dû privilégier d'autres aspects de leurs manifestations, certes moins spectaculaires mais tout aussi vrais (leurs revendications, le côté bon enfant de nombreux défilés de province, etc.), expriment parfois leur suspicion à l'égard des médias professionnels en faisant confiance à des canaux alternatifs, lesquels véhiculent souvent, en effet, de fausses nouvelles. Il s'agit là d'une forme primaire de protestation, j'en conviens, encore faut-il la connaître et la comprendre pour y répondre. Ce genre de réaction primaire est évidemment exploité par les plus politisés, qui savent pertinemment, quant à eux, pourquoi ils diffusent des fausses nouvelles. La crédulité pour les *fake news* est d'autant plus forte que les sujets sont complexes. Pour savoir si le pacte de Marrakech est juridiquement contraignant ou non, il faut être un expert en droit international ou un professionnel de la politique. Les classes populaires n'en savent rien. Le problème, pour elles, est de savoir à qui elles vont faire confiance.

La perte de confiance que subissent aujourd'hui les journalistes de métier est une conséquence de la contradiction dans laquelle se trouve cette profession. Sa fraction dominante, pour faire de l'audience, a besoin de privilégier la violence quand elle traite les mouvements sociaux, ce qui alimente la suspicion de ceux qui participent à ces mouvements. Malheureusement, cette suspicion rejaillit sur les journalistes qui font un véritable travail d'information, qui appartiennent de plus en plus à la fraction dominée du champ médiatique.

À propos de l'extrême droite, présente dans les manifestations et dont la frange radicale est très active dans les cortèges de tête, mais qui empêche une partie de la gauche d'avoir envie de participer au mouvement des Gilets jaunes, l'éditeur Éric Hazan, directeur des éditions de La Fabrique (qui publient Jacques Rancière ou le Comité invisible), déclare : « Les ennemis de mes ennemis ne sont pas vraiment des amis, mais un peu quand même. » Comprenez-vous cette position ? Pourquoi le fascisme n'est-il plus un repoussoir pour la gauche insurrectionnelle ? Y a-t-il eu des précédents dans l'histoire ?

Votre question m'amène à aborder un autre aspect de la crise de légitimité qu'a révélée le mouvement des Gilets jaunes. Il concerne les intellectuels. Ceux-ci ont justifié leur rôle depuis l'Affaire Dreyfus en se présentant comme des savants capables de dire la vérité au pouvoir au nom des opprimés. Ils ont eu le vent en poupe tant que le mouvement ouvrier a été actif, mais ils ont sombré avec lui. On se souvient de Jean-Paul Sartre haranguant les travailleurs à la porte de l'usine de Renault-Billancourt lors des événements de mai-juin 1968, ou de Pierre Bourdieu exprimant son soutien devant une assemblée de cheminots grévistes en décembre 1995.

Force est de constater qu'en novembre-décembre 2018, aucun intellectuel n'a pris le risque d'apparaître comme le porte-parole des Gilets jaunes. Étant donné que ces derniers les récusent tous, ils ne veulent pas non plus que les intellectuels s'emparent de leur cause pour régler leurs querelles. Ce que j'ai dit plus haut à propos des journalistes concerne aussi les intellectuels. Les réseaux sociaux ont permis une formidable démocratisation de cette fonction. Tout le monde peut jouer aujourd'hui à l'intellectuel sur Facebook en dénonçant le pouvoir, en lançant son affaire Dreyfus, etc. Vu le niveau de ceux qui sont présentés comme des «intellectuels» à la télévision, on ne peut guère reprocher aux citoyens ordinaires de cultiver cette ambition.

Comme je l'ai écrit sur mon blog à propos des polémiques autour de la «gauche identitaire[1]», il faudrait que les universitaires acceptent enfin de faire un bilan de leurs engagements depuis les années 1980. Je dois bien reconnaître que la posture de l'intellectuel spécifique que j'ai toujours défendue – qui consiste à intervenir dans l'espace public pour transmettre les connaissances issues de mes recherches, mais en me tenant à distance

---

1. Gérard Noiriel, Réflexions sur la gauche identitaire, *Noiriel.wordpress.com*, 29 octobre 2018, URL : <https://noiriel.wordpress.com/2018/10/29/reflexions-sur-la-gauche-identitaire/>.

des jugements de valeur – est elle aussi entrée dans une crise profonde étant donné que les jugements de valeur (la dénonciation et la réhabilitation) sont le principal carburant des réseaux sociaux.

Mais les intellectuels révolutionnaires sont dans une situation encore plus critique. C'est pour cela que l'expression de « gauche insurrectionnelle » que vous avez utilisée dans votre question me paraît complètement obsolète. Les propos d'Éric Hazan n'engagent que lui. Ce n'est pas la position d'un parti, pas même celle d'un courant de pensée clairement constitué. Il est vrai que dans le passé, les exemples d'intellectuels situés au départ à l'extrême gauche et qui sont passés ensuite à l'extrême droite sont légion. Combattre ceux qui semblent attirés aujourd'hui par les thèses « rouge-brun » est donc nécessaire. Néanmoins, comme je le disais plus haut, cela ne doit pas occulter un problème fondamental : à savoir que ces petites querelles internes aux professionnels de la parole publique ne touchent plus les classes populaires, car il n'y a plus de relais entre les organisations politiques et le peuple.

Peut-on imaginer qu'un mouvement social comme celui des Gilets jaunes puisse durer longtemps sans se donner de véritables représentants ?

Je ne le pense pas. Comment serait-il possible de passer d'une sociabilité de ronds-points à un mouvement capable de peser sur le pouvoir central sans désigner des porte-parole ? Les Gilets jaunes ont été confrontés à une contradiction qu'il faudra qu'ils résolvent d'une manière ou d'une autre. Ils n'ont cessé de dire qu'ils ne voulaient pas être « récupérés », mais ils l'ont été constamment dès le début. Le refus de la « récupération » est une forme naïve de résistance, car le mouvement des Gilets jaunes a été d'emblée soumis à un puissant travail de représentation accompli par tous ceux qui en ont parlé. La multitude des discours publics qu'il a engendrés a contribué à agréger des paroles diverses au sein d'un tout désigné par l'étiquette « Gilets jaunes ».

Les chaînes qui ont passé en boucle les violences commises lors des manifestations ont « récupéré » le mouvement en fonction de leur propre intérêt, qui consiste à faire de l'audience en montrant des images spectaculaires. Les intellectuels qui se présentent comme des porte-parole des Gilets jaunes ont utilisé, eux aussi, ces derniers pour promouvoir leur propre cause. Tout comme les partis politiques qui ont tenté d'accaparer les Gilets jaunes en affirmant que ce mouvement social confirmait leurs propres analyses.

Plusieurs des initiateurs de ce mouvement social se sont rapidement rendu compte que le fait de ne pas avoir de représentants facilitait finalement toutes les récupérations. Il suffisait en effet d'endosser un gilet jaune pour diffuser des messages attribués ensuite au mouvement tout entier. C'est pour cette raison que les propos les plus contradictoires se sont télescopés en leur nom. Les Gilets jaunes ont eu du mal à se défendre contre les accusations de racisme ou d'antisémitisme parce qu'ils n'ont pas désigné de porte-parole qui auraient pu donner une «ligne» commune à tout le mouvement. Mais on a vu que les huit délégués qui avaient été désignés au mois de décembre 2018 après une consultation sur Facebook ont été immédiatement contestés par une partie de la base.

Je pense que ce refus de toute délégation a été particulièrement fort parmi les nombreux Gilets jaunes, issus des classes populaires, qui ont été présentés comme les porte-parole de la « France profonde », celle qu'on n'entend jamais. Ils sont brutalement sortis de l'ombre. Leur vie a été bouleversée et ils ont été valorisés par tous les journalistes qui les ont interviewés ou filmés. Beaucoup d'entre eux ne voulaient pas retomber dans l'anonymat ; c'est pourquoi ils ont constamment refusé de se donner des porte-parole permanents.

Est-ce pour éviter que s'exacerbent ces contradictions d'intérêts entre les différentes composantes des classes populaires que les Gilets jaunes ont privilégié les revendications de type institutionnel visant à promouvoir la démocratie directe (cf. le référendum d'initiative citoyenne) ?

Lorsque des individus issus des classes populaires sortent de l'anonymat grâce à leur lutte collective, ils ont souvent le sentiment d'avoir rompu les chaînes de la domination. Hélas, celle-ci continue à s'exercer sur eux de multiples façons. La plus importante est sans doute celle du langage. Ils n'ont pas d'autre possibilité que de nommer leur révolte dans la langue et à partir des références qu'ont fabriquées avant eux les dominants. Les Gilets jaunes ont dénoncé les technocrates et les hauts fonctionnaires, mais finalement ils ont repris à leur compte leur façon de penser l'action publique. Le Référendum d'initiative citoyenne (RIC) repose sur la fiction d'un peuple homogène qui pourrait parler d'une seule voix, alors que nous savons bien que notre société est traversée par de multiples conflits entre des groupes et des classes qui ont des intérêts souvent contradictoires. Un référendum est une pratique institutionnelle qui fait la part belle aux bureaucrates (qui doivent l'organiser) et aux politiciens rompus à ce type d'exercice. Dans les pays où ce genre de consultation a été mis en œuvre depuis longtemps, on ne peut pas dire qu'il ait fait avancer beaucoup la démocratie. On sait que l'extrême droite raffole de ces consultations «populaires» car elles permettent souvent de faire passer dans la loi des propositions xénophobes.

On peut penser que la revendication du RIC s'est finalement imposée au détriment des questions sociales parce que c'était la seule façon de maintenir l'unité du mouvement en occultant les contradictions qui le traversent, notamment entre ceux qui appartiennent au milieu patronal et ceux qui sont ouvriers ou employés.

Chapitre 4
Un nouvel âge de la violence

Le mouvement des Gilets jaunes a débouché sur des manifestations d'une rare violence. Comment les interprétez-vous ? La violence est-elle inhérente aux soulèvements populaires ?

Tout d'abord, il faut s'entendre sur la définition du mot. On distingue en sociologie deux grandes formes de violence. Il y a d'un côté la violence «douce», souvent invisible et silencieuse, mais qui peut avoir des effets destructeurs sur les individus, et d'un autre côté la violence physique, qui s'exerce sur les biens et les personnes.

Sur la longue durée, on constate que la violence physique a plutôt régressé, mais que la violence douce s'est plutôt aggravée. Les fermetures d'entreprise qui mettent brutalement les gens au chômage, la multiplication des CDD, la précarisation de l'emploi qui augmente sans cesse le nombre des intérimaires, placent de plus en plus de Français dans des situations intolérables, illustrées par un sentiment d'insécurité (l'angoisse du lendemain), par la soumission à l'arbitraire des patrons qui brandissent constamment le chantage à l'emploi pour les faire obéir, etc. Toutes ces techniques de domination ont fortement contribué depuis trente ans à affaiblir les formes traditionnelles de lutte collective, contraignant les salariés à accepter en silence la dégradation de leur situation. Comme l'a montré notamment Christophe Dejours dans son livre sur la souffrance au travail[1], cela conduit un nombre croissant de salariés à retourner contre eux-mêmes cette violence (montée du nombre de suicides, de *burn out*, etc.)

Lorsque éclate un grand mouvement social comme celui des Gilets jaunes, celles et ceux qui avaient subi en silence cette «violence douce» l'extériorisent souvent

---

1. Christophe Dejours, *La Souffrance au travail*, Chronique sociale, 2018.

par des moyens spectaculaires. Une révolte populaire génère toujours de la violence, du fait même qu'elle inverse l'ordre établi et remet en cause les normes dominantes.

Certes. Mais cela n'excuse pas les actes de vandalisme. Comment analysez-vous les lieux et les personnes qui ont été attaqués – boutiques de luxe, mais pas seulement, des beaux quartiers, voitures, policiers, etc. ?

Il ne s'agit pas, évidemment, d'excuser les comportements que vous décrivez, mais de les comprendre en les ramenant à leur juste mesure. Je pense que les formes de violence auxquelles nous avons assisté lors de ces manifestations sont paradoxalement des symptômes de la société pacifiée dans laquelle nous vivons. Jusqu'ici, il n'y avait jamais eu, dans toute l'histoire de la France, des gens de plus de soixante ans n'ayant pas connu la guerre depuis leur naissance. C'est à mes yeux un bouleversement capital dans l'histoire de notre société, lequel modifie aussi le sens que nous donnons aux mots. Lors des attentats terroristes de 2015-2016, François Hollande, alors président de la République, n'avait pas hésité à affirmer : « Nous sommes en guerre. » Jamais auparavant des actes terroristes, et il y en a eu beaucoup dans notre histoire, n'avaient été désignés de cette manière. Il est significatif aussi que personne ne se soit offusqué qu'un journaliste de BFM-TV ait parlé de « carnage » pour évoquer la destruction de magasins de luxe aux Champs-Élysées, le 8 décembre. Ces exemples illustrent le processus de dramatisation qui caractérise aujourd'hui le discours public, rendu possible par le fait que nous ne sommes plus directement concernés par les vraies guerres et les vrais carnages.

À cette disparition de la violence guerrière, il faut ajouter le recul de la criminalité. Toutes les statistiques convergent en effet pour souligner que le nombre des crimes de sang a constamment reculé depuis le XIXe siècle.

Cette « pacification des mœurs » (Norbert Elias) a eu deux conséquences, qui éclairent la façon dont s'est posée la question de la violence lors des manifestations des Gilets jaunes. D'une part, étant donné que la mort est devenue plus rare, le pouvoir d'État doit absolument éviter que la répression fasse des victimes car l'opinion publique ne l'accepte plus. C'est pourquoi, au début du mouvement des Gilets jaunes, les forces de l'ordre ont eu pour consigne d'éviter les affrontements directs avec les manifestants, ce qui a facilité l'action des « casseurs ». D'autre part, la pacification des relations sociales rend les Français plus sensibles à la question de la destruction des biens ; ce qui explique l'importance que les médias ont accordée aux dégradations commises sur les Champs-Élysées.

Vous oubliez qu'au total le mouvement des Gilets jaunes a fait une dizaine de morts sur les ronds-points, à la suite de heurts avec des automobilistes ou des routiers qui refusaient les blocages.

Ces accrochages dramatiques ont en effet profondément endeuillé le mouvement des Gilets jaunes. Néanmoins, il faut souligner qu'aucune de ces victimes, sauf une, n'a été tuée par les forces de l'ordre. Le plus souvent, c'est le résultat des heurts qui ont opposé les Gilets jaunes à ceux qui refusaient les blocages, car, même si le mouvement a été populaire dans l'opinion, une proportion importante de Français (entre un quart et un tiers) lui a été hostile.

Dans le passé, les piquets de grève empêchaient souvent les ouvriers non grévistes (qu'on appelait les «jaunes») de pénétrer dans l'usine, ce qui suscitait souvent des altercations. Néanmoins, celles-ci étaient circonscrites car elles ne concernaient que le monde ouvrier et ne sortaient pas du cadre de l'entreprise. Le blocage des ronds-points a été finalement beaucoup plus meurtrier car il concernait tous les automobilistes et tous les routiers. De plus, comme les Gilets jaunes étaient inorganisés, ils ne se sont pas donné les moyens d'empêcher les dérapages.

Le fait que ce ne soit pas surtout la répression policière, mais des accidents, qui ont causé la mort de plusieurs manifestants est un phénomène nouveau dans l'histoire des grandes révoltes sociales. Sous l'Ancien Régime, les soulèvements populaires étaient impitoyablement réprimés par l'armée, faisant des milliers de victimes. La répression de la révolution de 1848 et de la Commune a également entraîné la mort de plusieurs milliers d'ouvriers. C'est seulement à partir de la IIIe République que les relations entre manifestants et forces de l'ordre ont commencé à devenir plus pacifiques. La mise en place de la démocratie parlementaire a eu, en effet, des conséquences positives car elle a contribué à discréditer l'usage de la force contre le peuple.

Après la répression de la manifestation du 1er mai 1891 à Fourmies (Nord), qui avait fait 9 morts et 35 blessés parmi les ouvrières et les ouvriers, Georges Clemenceau – qui était à l'époque le leader de l'opposition radicale – prononça ces mots à la Chambre des députés (discours du 8 mai 1891) :

> Vous avez cru qu'il suffirait de leur dire : « Vous êtes souverains tous les quatre ans, le jour où vous déposez un bulletin de vote dans l'urne. » Et vous avez pensé qu'ils se contenteraient de cette part congrue de souveraineté ? Quelle erreur ! Qui de nous s'en serait contenté ? Prenez garde ! Les morts sont de grands convertisseurs ; il faut s'occuper des morts ! (Georges Clemenceau, *Discours à la Chambre des députés*, 8 mai 1891).

Ce cri d'alarme fut un éclair de lucidité car il pointait explicitement la raison pour laquelle le prolétariat industriel commençait à se mobiliser massivement. Le fait qu'il soit exclu de toute participation effective à l'exercice du pouvoir souverain ne pouvait qu'alimenter la lutte des classes. Ce discours de Clemenceau fut aussi prémonitoire puisque le massacre de Fourmies devint rapidement un événement fondateur (avec la Commune de Paris) dans la mémoire collective du nouveau mouvement ouvrier qui était en train de naître.

Certes, lorsqu'il fut lui-même ministre de l'Intérieur et président du Conseil, Clemenceau perdit lui aussi sa lucidité. Il fut responsable d'une politique encore plus répressive que ses prédécesseurs, laquelle fit de nombreuses victimes, à Narbonne (au moment du soulèvement du Midi rouge en 1907), à Raon-l'Étape, à Draveil, à Villeneuve-Saint-Georges, etc. Celui qui avait été le porte-parole des travailleurs fusillés à Fourmies finit par être haï par le peuple de France, à tel point que, le 27 juillet 1909, lorsqu'il fut écarté du pouvoir, *l'Humanité* titra : « La fin d'une dictature ».

Bien qu'elle se soit encore atténuée par la suite, la violence n'a jamais totalement disparu dans les pratiques répressives de la police. Elle fit plusieurs dizaines de morts lors des grandes grèves ouvrières de 1947-1948, et, le 17 octobre 1961, plusieurs dizaines de travailleurs algériens (peut-être plus car toute la lumière n'a pas été faite sur ces crimes) qui avaient décidé de manifester malgré l'interdiction du préfet de police Maurice Papon furent tués eux aussi. La mort de Malik Oussekine, en 1986, marqua un tournant. L'émotion causée par le décès de ce jeune homme qui ne faisait même pas partie des manifestants imposa en effet un changement dans le comportement des forces de l'ordre, illustré par la consigne de ne plus les placer en contact direct avec les manifestants.

Il semble toutefois que lors des manifestations du mois de décembre 2018, la violence des casseurs et de certains Gilets jaunes ait atteint un tel degré que cette tactique visant à éviter les contacts ait été abandonnée.

Effectivement, la façon dont les Gilets jaunes ont mené leurs actions a déstabilisé les stratégies policières. C'est une autre conséquence du nouvel âge démocratique dans lequel nous sommes entrés. L'affaiblissement des organisations traditionnelles du mouvement ouvrier a marginalisé les formes de discipline qui existaient auparavant lors des grandes manifestations et qui avaient été codifiées au début du XXe siècle. Comme il fallait donner une «bonne image» du mouvement pour populariser les revendications, les syndicats disposaient de leur propre service d'ordre afin d'éviter les débordements. Les leaders négociaient avec les forces de l'ordre le parcours de la manifestation pour obtenir une autorisation. Les militants défilaient sagement en rangs serrés derrière des banderoles en distribuant des tracts aux passants. Aucune de ces règles n'a été respectée par les Gilets jaunes. Pas de cortège, pas de service d'ordre, pas de pancartes, mais de multiples slogans inscrits au dos de leur gilet. Les manifestants eux-mêmes n'avaient pas le profil traditionnel des travailleurs rompus à ce genre d'exercice et qui avaient intériorisé un « habitus » de manifestant pacifique. Le profil des émeutiers des premières manifestations ne ressemblait pourtant ni à celui des « casseurs » du type Black Bloc, ni à celui des « jeunes de banlieue » constamment dénoncés depuis trente ans pour stigmatiser les Français des classes populaires issues de l'immigration. C'était souvent des provinciaux ayant dépassé la trentaine, qui avaient été pris dans le feu de l'action en laissant libre cours à la violence qui s'était accumulée confusément au fond d'eux-mêmes.

Les forces de l'ordre se sont pourtant rapidement adaptées à cette nouvelle donne, si l'on en juge par l'ampleur des moyens déployés lors de la manifestation du 8 décembre 2018 ?

Les chercheurs qui travaillent sur ces questions ont noté que le changement dans les techniques de répression policière a commencé bien avant ces événements, en mettant à profit la sophistication de leur armement. Le recours accru aux grenades offensives fut la cause de la mort de Rémi Fraisse, militant écologiste tué le 26 octobre 2014 lors d'une manifestation contre le projet de barrage à Sivens.

Mais il est tout à fait vrai que la répression policière s'est brutalement accentuée au début du mois de décembre 2018. J'en veux pour preuve la multiplication des interpellations préventives (plus de mille le 8 décembre), qui est un moyen détourné de restreindre le droit de manifester. Le même jour, pour faire face aux manifestants regroupés sur les Champs-Élysées, les forces de l'ordre ont mobilisé quatorze blindés à roue de la gendarmerie mobile. Les unités de policiers motocyclistes (ces « voltigeurs » qui avaient été supprimés après la mort de Malik Oussekine en 1986) ont refait surface avec les Dispositifs d'action rapide (DAR), sauf qu'au lieu d'une matraque ils disposent désormais de fusils à balle de caoutchouc (les LBD 40) et de grenades explosives. Lors des affrontements du 22 décembre, (« acte VI » des manifestations des Gilets jaunes), l'une de ces brigades, après avoir lancé des grenades pour disperser la foule, a été repérée et agressée par des manifestants.

Pour repousser les assaillants, un policier a sorti son arme pendant quelques instants. Finalement, les policiers ont pris la fuite, laissant sur place une moto. Ce jour-là, le drame a été évité de justesse.

Au final, la répression policière n'a fait qu'une victime[1], mais le nombre de blessés est sans précédent depuis 1968. Beaucoup de manifestants ont eu des mains arrachées, des membres mutilés, d'autres ont perdu un œil. Le bilan est donc plus sombre qu'en 1968, alors qu'à l'époque, l'armement des manifestants était bien plus élevé, et le niveau de protection des policiers, plus faible.

Vous pensez donc que la répression policière était disproportionnée ?

J'ai été frappé par l'immense hypocrisie que charrient les discours moralisateurs de ceux qui ont dénoncé cette violence tout en l'utilisant dans leur propre intérêt. Il existe aujourd'hui une sorte de collusion

---

1. Madame Zeneb Redouane, 80 ans, qui a succombé aux blessures causées par une grenade lancée dans son appartement, à Marseille.

objective (qui ne relève pas, évidemment, d'un complot) entre les casseurs, les principaux médias audiovisuels et le gouvernement pour placer la question de la violence au centre du débat public. Le ministre de l'Intérieur a repris les vieilles recettes de la droite sécuritaire en cherchant constamment à dramatiser la situation. Pour discréditer les Gilets jaunes, il est allé jusqu'à affirmer que certains manifestants voulaient « tuer » des policiers. Il faut toutefois noter qu'à la fin du mois de décembre 2018, le gouvernement n'était pas parvenu à discréditer le mouvement en jouant sur cette corde sécuritaire. Il s'agit là d'un autre fait nouveau, révélé par le mouvement des Gilets jaunes.

Comme je l'ai dit plus haut, certains journalistes des chaînes d'information en continu ont, eux aussi, largement contribué à cette surenchère en parlant par exemple de « carnage » pour décrire les affrontements du 2 décembre à Paris, lesquels n'ont pourtant fait aucune victime. Or, dans mon dictionnaire le mot « carnage » désigne « l'action de tuer un

grand nombre d'animaux ou d'hommes ».
Il a pour synonymes les mots : boucherie,
massacre, tuerie.

En s'attaquant aux vitrines de magasins
de luxe situés sur les Champs-Élysées,
les Gilets jaunes ont voulu exprimer,
par des moyens spectaculaires, leur rejet
d'une société où les inégalités sociales ont
atteint un niveau scandaleux. On a beaucoup parlé aussi des exactions commises
à l'Arc de triomphe. Je rappelle que la
construction de ce monument fut décidée
par Napoléon Ier pour célébrer la victoire
militaire d'Austerlitz. À ma connaissance,
personne n'a fait le lien avec un précédent
célèbre : celui du peintre Gustave Courbet
qui prit l'initiative, pendant la Commune
de Paris, de détruire la colonne Vendôme
(édifiée, elle aussi, à la demande de l'Em-
pereur pour célébrer sa gloire). Cette destruction fut justifiée par les communards
de la façon suivante :

La Commune de Paris, considérant
que la colonne impériale de la place
Vendôme est un monument de barbarie,
un symbole de force brute et de fausse

gloire, une affirmation du militarisme, une négation du droit international, une insulte permanente des vainqueurs aux vaincus, un attentat perpétuel à l'un des trois grands principes de la République française, la fraternité, décrète : article unique - La colonne Vendôme sera démolie.

Après l'écrasement de la Commune, le gouvernement réactionnaire de Mac Mahon condamna Courbet à payer les réparations de la Colonne. Il ne put jamais s'acquitter de cette somme astronomique car il mourut avant. Certes, les émeutiers qui se sont livrés aux exactions commises à l'Arc de triomphe n'ont pas agi au nom de la «fraternité humaine». Néanmoins, il n'est pas inutile de rappeler à tous ceux qui ont dénoncé la violence des Gilets jaunes que les monuments érigés à la gloire de Napoléon Ier ont eu pour fonction de célébrer un chef dont les exploits militaires ont causé la mort d'un million de Français, au bas mot.

Que pensez-vous de la violence verbale diffusée à jets continus par les réseaux sociaux (injures, menaces de mort, etc.) ? Elle vise non seulement les élites et les forces de l'ordre, mais elle touche également, au sein du mouvement, les Gilets jaunes qui refusent les discours et les pratiques extrémistes.

Les réseaux sociaux jouent en effet un grand rôle dans les nouvelles formes de violence qui tendent à se répandre aujourd'hui. L'ampleur inédite de la répression policière est une conséquence de la logique émotionnelle que j'évoquais plus haut. Le « moralisme » que véhiculent les réseaux sociaux, amplifié par les chaînes d'information en continu, contribue fortement à accentuer l'indignation d'une grande partie de l'opinion face aux dégradations matérielles, aux coups de poing contre des policiers, etc.

Par ailleurs, sans vouloir justifier les propos haineux diffusés quotidiennement sur les réseaux sociaux, je rappellerai néanmoins que la violence verbale est un aspect de la culture populaire que l'on rencontre à toutes les époques. Par exemple, dans sa thèse sur Belleville au XIXe siècle, Gérard Jacquemet écrivait :

les disputes assorties d'injures réciproques sont quasiment journalières : querelles de ménage bien sûr, mais aussi [...] bordées d'injures proférées d'un immeuble à l'autre, fenêtres largement ouvertes, les protagonistes se menaçant mutuellement de descendre dans la rue et d'en venir aux mains[1].

Ce qui a changé, là encore, c'est qu'aujourd'hui ce sont les réseaux sociaux qui structurent l'espace public intermédiaire au sein duquel s'échangent ces propos agressifs, et non plus le quartier ou le village. Ce ne sont plus des paroles qui s'échangent, mais des messages écrits (ou des images) véhiculés par les nouvelles technologies. Du coup, les élites découvrent des comportements qui les choquent parce qu'ils prouvent que les relations de pouvoir s'exercent aussi à l'intérieur des classes populaires. Historiquement, l'exercice de la violence a été une composante majeure de l'identité masculine. Même si elle s'est fortement atténuée de nos jours, on la

---

1. Gérard Jacquemet, *Belleville au XIXᵉ siècle. Du faubourg à la ville*, Éditions de l'EHESS, 1984, p. 343.

retrouve dans ce mouvement car les affrontements physiques qui ont eu lieu pendant les manifestations ont surtout concerné des hommes. La manifestation des femmes Gilets jaunes qui a eu lieu le 6 janvier 2019 s'est déroulée dans le calme. On constate aussi que les tentatives d'intimidation qui ont eu lieu au sein du mouvement sont imputables à des hommes et qu'elles ont fréquemment visé des femmes (comme Jacline Mouraud qui a pris ses distances avec les Gilets jaunes les plus radicaux ou Ingrid Levavasseur qui a dû renoncer au projet de tenir une chronique sur le mouvement des Gilets jaunes à la télévision).

Est-ce que vous pensez que l'impact des violences commises par les Gilets jaunes à Paris, mais aussi dans d'autres villes de France, va contribuer à modifier durablement les comportements populaires lors des manifestations ?

Si l'on prend en compte à la fois l'extrême visibilité donnée aux comportements violents et le fait qu'Emmanuel Macron a donné partiellement satisfaction aux

Gilets jaunes, il est certain qu'un grand nombre de Français vont en conclure que la violence est aujourd'hui la seule manière de se faire entendre par le pouvoir.

En 1979-1980 – j'étais alors un jeune professeur dans la banlieue de Longwy –, j'ai moi-même participé à une puissante révolte populaire. Le projet de fermeture des dernières usines sidérurgiques de la région a suscité un mouvement social qui a duré plus de six mois, d'une grande violence lui aussi. Alors que les dirigeants nationaux des syndicats et du Parti communiste privilégiaient les formes d'action traditionnelles (grève avec occupation et manifestation pacifique), les dirigeants locaux ont opté pour des «opérations coup de poing» (affrontements avec les CRS, occupation du relais de la télévision, etc.) parce qu'ils étaient convaincus que lorsqu'une usine va fermer, la grève ne sert plus à rien et que le meilleur moyen pour sensibiliser l'opinion, c'est d'attirer l'attention des médias. C'est aussi cette volonté de rompre avec les formes d'action traditionnelles du mouvement ouvrier qui a débouché sur la mise en place par la CGT d'une radio libre illégale, Radio Lorraine Cœur d'Acier, que les CRS n'ont jamais pu déloger car elle était protégée jour et nuit par les ouvriers.

Je pense que ces événements ont marqué le début des transformations dans les modes d'action des classes populaires qui tendent à se généraliser aujourd'hui.

Les réponses apportées par le gouvernement sont-elles à la hauteur de cette fronde ?

Il est évident que l'ampleur du mouvement des Gilets jaunes a déstabilisé le gouvernement. Le fait que les Gilets jaunes ont été massivement et durablement soutenus par l'opinion a amplifié l'inquiétude du pouvoir. Celle-ci a été renforcée par l'impact des manifestations sur notre économie. En 1936 et en 1968, le patronat et le gouvernement avaient cédé parce que les grèves avaient paralysé pendant plusieurs semaines toute l'économie du pays. Le mouvement des Gilets jaunes n'a pas eu les mêmes effets, loin de là. Néanmoins, il a entraîné une perte pour le commerce, surtout dans les beaux quartiers de la capitale. Les images des Champs-Élysées en feu ont fait le tour du monde, ce qui a eu des conséquences négatives pour l'industrie touristique.

Il fallait donc que le gouvernement trouve des solutions pour mettre rapidement un terme à cette sédition. Toutefois, il s'est placé dans une position difficile parce que la stratégie qui avait permis à Emmanuel Macron de gagner les élections présidentielle et législatives s'est retournée contre lui. Le succès rend souvent aveugle. La politique de fermeté qu'il avait appliquée en mettant en œuvre, tambour battant, son programme libéral (démantèlement du droit du travail, remise en cause du statut des cheminots, etc.) n'avait pas entraîné d'oppositions massives parce que la précarité des salariés, l'émiettement de leurs statuts, le poids du crédit, rendent aujourd'hui difficiles des mobilisations collectives comparables à celle des cheminots en décembre 1995. Mais la colère populaire peut passer par d'autres voies, échappant aux prévisions des technocrates. C'est l'un des grands enseignements du mouvement des Gilets jaunes. Parti d'un refus des taxes sur les carburants, il s'est progressivement étendu au point de prendre la forme d'un rejet global de la politique actuelle ; ce qui a rendu d'autant plus difficile la réponse du gouvernement. Au début, les ministres ont continué à dire que le peuple n'avait pas compris le bien-fondé de leur politique, qu'il fallait faire plus de pédagogie, etc. Mais ce genre de réponse a été perçu, à juste titre, comme une forme de mépris. C'est ce qui a contraint Emmanuel Macron à lâcher du lest.

Est-ce que vous pensez qu'Emmanuel Macron a évolué au cours du mouvement ? Lorsqu'on compare son discours sur la transition énergétique du 27 novembre 2018 avec son allocution télévisée du 10 décembre, puis avec ses vœux présidentiels du 31 décembre, on a le sentiment que sa façon de s'adresser aux citoyens a constamment fluctué.

Comme je l'ai dit plus haut, Emmanuel Macron est arrivé au pouvoir avec une vision de la société qui ignorait complètement l'existence des classes populaires et avec la conviction qu'il pourrait appliquer son programme en contournant les corps intermédiaires. Le mouvement des Gilets jaunes a invalidé complètement ce schéma. C'est ce qui explique le silence dans lequel il s'est enfermé au début du conflit.

Son allocution du 10 décembre, qu'il a dû fortement travailler avec ses conseillers en communication, avait pour finalité de montrer un président plein de compassion pour le sort des gens modestes. Il a cédé sur quelques-unes des revendications des Gilets jaunes (annulation de la hausse du prix des carburants, suppression de la hausse de la CSG pour les retraités les plus modestes, mesures visant à augmenter le Smic de cent euros, prime d'activité, etc.). Pourtant, il n'a pas changé de cap sur le fond. Il n'a pas cédé à ceux qui demandaient le rétablissement de l'impôt sur la fortune et l'abandon du Crédit d'impôt pour la compétitivité et l'eploi (CICE), car il reste fermement convaincu que sa politique libérale est la seule qui puisse redynamiser l'économie française. Voilà pourquoi, après la compassion, il a adopté à nouveau le langage de la fermeté dans ses vœux de fin d'année.

La revendication concernant le RIC a été pour lui une véritable aubaine. En lançant une « grande consultation populaire », il a donné le sentiment qu'il voulait se mettre à l'écoute du peuple français, sans pour autant faire de nouvelles concessions. Ce genre d'initiatives aboutit le plus souvent à des résultats contradictoires qui reflètent les divisions qui existent dans la société. Par ailleurs, il faut beaucoup de temps pour mettre en œuvre une réforme complexe comme le RIC. Or le temps est le bien le plus précieux dont disposent les dominants pour rétablir leur pouvoir. Le gouvernement espère sans doute que le mouvement des Gilets jaunes finira par s'épuiser. Si les manifestations marquées par des violences diffusées en boucle par les chaînes d'information en continu se reproduisent, le pouvoir pense que son discours sécuritaire parviendra à retourner l'opinion publique en sa faveur. Cela ne signifie pas qu'il n'y aura pas d'innovations, mais elles ne remettront pas fondamentalement en cause l'ordre des choses.

Cette stratégie de la « grande consultation populaire » présente néanmoins un risque pour le pouvoir, car elle va inciter les médias et, au-delà, tous ceux qui jouent un rôle dans notre vie publique, à maintenir les Gilets jaunes au centre de l'actualité. Ceux-ci seront ainsi stimulés dans leur volonté d'intensifier la pression sur le gouvernement pour le faire reculer davantage.

À l'heure où nous parlons (31 décembre 2018), nul ne peut savoir comment les choses vont évoluer. Si les Gilets jaunes parviennent à pérenniser l'originalité qui a caractérisé leur révolte en se structurant d'une manière qui soit inédite elle aussi, en utilisant par exemple les réseaux sociaux pour établir une coordination durable des comités de base, un système tournant de porte-parole, etc., alors il est possible que leur mouvement marque un tournant dans l'histoire des luttes populaires en France.

Table des matières

Chez le même éditeur
(extrait)

Bilel Ainine, Xavier Crettiez, « *Soldats de Dieu* ». *Paroles de djihadistes incarcérés*

Jean Claude Ameisen, avec Nicolas Truong, *Les chants mêlés de la Terre et de l'Humanité.* Illustrations de Pascal Lemaître

Alain Badiou, *D'un désastre obscur. Droit, État, politique*

Guy Bedos, Albert Jacquard, *La rue éclabousse*

Guy Bedos, avec Gilles Vanderpooten, *J'ai fait un rêve*

Tahar Ben Jelloun, *Un pays sur les nerfs*

Gilles Berhault, Carine Dartiguepeyrou, *Un autre monde est possible. Lost in transitions*

Philippe J. Bernard, Thierry Gaudin, Susan George, Stéphane Hessel, André Orléan, *Pour une société meilleure!*

Lucien Bianco, *La révolution fourvoyée*

Jean Blaise, Jean Viard, avec Stéphane Paoli, *Remettre le poireau à l'endroit*

Laurent Berger, avec Denis Lafay, *Au boulot !*

Richard Bouigue, Pierre Rondeau, *Le foot va-t-il exploser ?*

Christian Bromberger, *La Méditerranée entre amour et haine*

Isabelle Cassiers, Kevin Maréchal, Dominique Méda (dir.), *Vers une société post-croissance*

Laurent Chamontin, *L'empire sans limites. Pouvoir et société dans le monde russe*

Bernard Chevassus-au-Louis, *Biodiversité : voir la vie autrement*

Pierre Clastres, *Archéologie de la violence. La guerre dans les sociétés primitives*

Daniel Cohn-Bendit, avec Jean Viard et Stéphane Paoli, *Forget 68*

Pierre Conesa, *Guide du paradis. Publicité comparée des Au-delà*

Jean-François Coustillière, avec José Lenzini, *Périls imminents en Méditerranée*

Ernst-Robert Curtius, *Essai sur la France*

Boris Cyrulnik, *La petite sirène de Copenhague*

Boris Cyrulnik, Edgar Morin, *Dialogue sur la nature humaine* (existe en version illustrée par Pascal Lemaître)

Boris Cyrulnik, Boualem Sansal, avec José Lenzini, *L'impossible paix en Méditerranée*

Boris Cyrulnik, Tzvetan Todorov, avec Nicolas Truong, *La tentation du Bien est beaucoup plus dangereuse que celle du Mal*

Caroline Dayer, *Sous les pavés, le genre*

Caroline Dayer, *Le pouvoir de l'injure*

Jean-Baptiste Decherf, *Le grand homme et son pouvoir*

Antoine Delestre, Clara Lévy, *L'esprit du totalitarisme*

Christine Delory-Momberger, François Durpaire, Béatrice Mabilon-Bonfils (dir.), *Lettre ouverte contre l'instrumentalisation politique de la laïcité*

Éric Dupond-Moretti, avec Denis Lafay, *Le droit d'être libre*

François Durpaire, Béatrice Mabilon-Bonfils, *Fatima moins bien notée que Marianne... L'islam et l'école de la République*

Yassine Essid, *La face cachée de l'islamisation*

Bruno Étienne, *Une grenade entrouverte*

Thomas Flichy de La Neuville, Olivier Hanne, *L'endettement ou le crépuscule des peuples*

Thomas Flichy de La Neuville, *Les grandes migrations ne détruisent que les cités mortes.* Illustrations de Pascal Lemaître

François Flohic, *68 côté de Gaulle. L'aide de camp du Général témoigne*

Jérôme Fourquet, *Accueil ou submersion? Regards européens sur la crise des migrants*

Martin Gray, avec Mélanie Loisel, *Ma vie en partage*

Félix Guattari, *Lignes de fuite. Pour un autre monde de possibles*

Claude Hagège, *Parler, c'est tricoter*

Laurence Hansen-Løve, *Simplement humains. Mieux vaut préserver l'humanité que l'améliorer*

Malika Hamidi, *Un féminisme musulman, et pourquoi pas?*

Françoise Héritier, avec Caroline Broué, *L'identique et le différent*

Stéphane Hessel, évocations avec Pascal Lemaître, *Dessine-moi un Homme*

Stéphane Hessel, avec Gilles Vanderpooten, *Engagez-vous!*

Stéphane Hessel, avec Edgar Morin et Nicolas Truong, *Ma philosophie*

François Hollande, Edgar Morin, avec Nicolas Truong, *Dialogue sur la politique, la gauche et la crise*

Nancy Huston, *Naissance d'une jungle*

François Jost, *Pour une éthique des médias*

Axel Kahn, avec Denis Lafay, *L'éthique dans tous ses états*

Jean-François Kahn, avec Françoise Siri, *Réflexion sur mon échec*

Marietta Karamanli, *La Grèce, victime ou responsable ?*

Dina Khapaeva, *Portrait critique de la Russie*

Étienne Klein, avec Denis Lafay, *Sauvons le Progrès*

Julia Kristava, *Seule une femme*

Denis Lafay (dir.), *Un éloge de la fragilité*

Denis Lafay (dir.), *Une époque formidable*

Denis Lafay (dir.), *Pour une véritable communauté humaine*

Hervé Le Bras, *Le sol et le sang*

Philippe Lemoine, *Une révolution sans les Français ?*

Soazig Le Nevé, Bernard Toulemonde, *Et si on tuait le mammouth ?*

Franck Lirzin, *Marseille. Itinéraire d'une rebelle*

Mélanie Loisel, *Ils ont vécu le siècle*

Béatrice Mabilon-Bonfils, Geneviève Zoïa, *La laïcité au risque de l'Autre*

Noël Mamère, avec Stéphanie Bonnefille, *Les mots verts*

Claude Martin, *La diplomatie n'est pas un dîner de gala*

Virginie Martin, *Ce monde qui nous échappe*

Virginie Martin, Marie-Cécile Naves, *Talents gâchés. Le coût social et économique des discriminations liées à l'origine*

Dominique Méda, *Travail : la révolution nécessaire*

Michel Messu, *L'ère de la victimisation*

Éric Meyer, *Cent drôles d'oiseaux de la forêt chinoise*

Éric Meyer, Laurent Zylberman, *Tibet, dernier cri*

Yves Michaud, avec Denis Lafay, *Aux armes citoyens !*

Danielle Mitterrand, avec Gilles Vanderpooten, *Ce que je n'accepte pas*

Edgar Morin, *Pour résister à la régression*

Edgar Morin, avec Denis Lafay, *Le temps est venu de changer de civilisation*. Illustrations de Pascal Lemaître

Edgar Morin, *Où est passé le peuple de gauche ?*

Edgar Morin, *L'esprit du temps*

Edgar Morin, Patrick Singaïny, *Avant, pendant, après le 11 janvier*

Cas Mudde, Cristóbal Rovira Kaltwasser, *Brève introduction au populisme*

Manuel Musallam, avec Jean Claude Petit, *Curé à Gaza*

Anne Muxel, *Politiquement jeune*

Guido Nicolosi, *Lampedusa*

Pascal Noblet, *Pourquoi les SDF restent dans la rue*

Michel Onfray, *La parole au peuple*

Erik Orsenna, *Les vérités fragiles*

Yves Paccalet, avec Gilles Vanderpooten, *Partageons! L'utopie ou la guerre*

Jéromine Pasteur, avec Gilles Vanderpooten, *La vie est un chemin qui a du cœur*

Serge Paugam, *Vivre ensemble dans un monde incertain*

Jérémie Peltier, Marlène Schiappa, *Laïcité, point!*

Edgard Pisani, *Mes mots. Pistes à réflexion*

Pierre Rabhi, *La part du colibri* (existe en version illustrée par Pascal Lemaître)

Dominique de Rambures, *La Chine, une transition à haut risque*

Rudy Ricciotti, avec José Lenzini, *Je te ressers un pastis ?*

Hubert Ripoll, *Mémoire de « là-bas ». Une psychanalyse de l'exil*

Laurence Roulleau-Berger, *Désoccidentaliser la sociologie*

Olivier Roy, avec Nicolas Truong, *La peur de l'islam*

Marlène Schiappa, *Une & Indivisible*

Marlène Schiappa, *Le deuxième sexe de la démocratie*

Marlène Schiappa, *La culture du viol*

Céline Schoen, *Parents de djihadiste*

Youssef Seddik, *Le grand malentendu. L'Occident face au Coran*

Youssef Seddik, *Nous n'avons jamais lu le Coran*

Youssef Seddik, avec Gilles Vanderpooten, *Tunisie. La révolution inachevée*

Ioulia Shukan, *Génération Maïdan. Vivre la crise ukrainienne*

Robert Solé, *L'envers des mots*

Philippe Starck, avec Gilles Vanderpooten, *Impression d'Ailleurs*

Benjamin Stora, avec Thierry Leclère, *La guerre des mémoires. La France face à son passé colonial*, suivi de *Algérie 1954*

Philippe Subra, *Zones À Défendre*

Pierre-Henri Tavoillot, *Faire ou ne pas faire son âge*

Alain Touraine, avec Denis Lafay, *Macron by Touraine*

Michel Troisgros, avec Denis Lafay, *La joie de créer*. Illustrations de Pascal Lemaître

Nicolas Truong (dir.), *Philosophie de la marche*

Nicolas Truong (dir.), *Le crépuscule des intellectuels français*

Nicolas Truong (dir.), *Résister à la terreur*

Nicolas Truong (dir.), *Résistances intellectuelles*

Pierre Veltz, *La France des territoires, défis et promesses*

Pour limiter l'empreinte environnementale
de leurs livres, les éditions de l'Aube
font le choix de papiers issus de forêts durablement
gérées et de sources contrôlées.

Achevé d'imprimer en mars 2019
par l'imprimerie New Print
pour le compte des éditions de l'Aube
331, rue Amédée-Giniès, F-84240 La Tour d'Aigues

Numéro d'édition : 3320
Dépôt légal : avril 2019

Imprimé en Europe